ENTDECKEN & GENIESSEN

ROM

RISERVA
RISERVA
PARMA
21,69
QUI TROVATE LA FAMOSA
"PIZZA DI CIVITAVECCHIA"
Euro
8,90
L'UNA
E NON PUO' MANCARE LA
PIZZA DI TERNI AL FORMAGGIO
Euro
6,50
L'UNA
13,80
14,50
19,30
RICOTTA GENUINA ROMANA

ENTDECKEN & GENIESSEN

ROM

RÖMISCHE ESSKULTUR UND LEBENSART

Text und Rezepte
MAUREEN B. FANT

Fotografie
JEAN-BLAISE HALL

Herausgeber
CHUCK WILLIAMS

CHRISTIAN VERLAG

POSITIS SIGNIS ET ANA
GLYPHIS TA
IVSSV CLEMEN

PONT · MAX · OPVS

INHALT

EINFÜHRUNG

TYPISCH ROM

ANHANG

REZEPTE

ANTIPASTI

PRIMI

SECONDI

CONTORNI

DOLCI

DA GIGGETTO
SPECIALITA' ROMANE
Specialità Romane
SALE INTERNE

HOSTARIA
22
22A

EINFÜHRUNG

In Rom schmeckt das Essen noch nach dem, was es ist. Artischocken schmecken nach Artischocken, Lamm nach Lamm. Kräuter werden frisch gehackt und beschränken sich meist auf nur eine Sorte pro Gericht. Manch einer verwechselt diese Klarheit mit Kargheit, doch *la cucina romana* belohnt jeden, der sich Zeit für sie nimmt.

DIE KULINARISCHE GESCHICHTE

Als im 16. Jahrhundert die Tomate und die Kartoffel aus der Neuen Welt in Europa eintrafen, hatte dies keine dramatischen Folgen für die römische Tafel, abgesehen von den Köstlichkeiten, die Köche daraus zu machen lernten. Roms Speisekammern füllten schon damals Oliven und Olivenöl, Hülsenfrüchte, Schinken, Lammfleisch, Innereien, erntefrisches Gemüse und wilde Kräuter, Schafkäse und andere Milchprodukte, knuspriges Holzofenbrot, Pasta, frischer Fisch und gesalzene Sardellen. Mit regionalem Wein und frischem Quellwasser war auch für Getränke gesorgt.

Anfang des 1. Jahrtausends v. Chr. war jener Fleck im Zentrum der Region Latium, das heutige Rom, nicht mehr als ein Fluss, einige unbewohnte Hügel und eine Hand voll Schäferhütten. Tausend Jahre später hatte sich dort eine blühende Metropole mit leistungsfähigen Verkehrs- und Kommunikationssystemen entwickelt, eine die ganze westliche Welt dominierende Hochkultur. Brot wurde mit Getreide aus Nordafrika gebacken, aus Syrien kamen Datteln. Die Versorgung mit Lebensmitteln entsprach der des Viktorianischen England, und das Handelsnetz umfasste alle Winkel der bekannten Welt. Doch selbst in der Blüte des Römischen Reichs gab es immer wieder Staatsmänner und Dichter, die der guten alten Zeit nachtrauerten, als eine Schüssel warmer Dinkelbrei noch alles war, was ein Römer zu seinem Glück brauchte. Die Kritik nahm nicht selten die Form ätzender Satire und übertriebener Darstellungen von orgiastischen Ausschweifungen an und wurde zu einem regelrechten Politikum. »Das Gastmahl des Trimalchio« aus dem Satyricon, die Erzählung eines gewaltigen Fressgelages von Petronius aus dem 1. Jahrhundert n. Chr., machte nachfolgende Generationen glauben, dass sich die Römer von Lerchenzungen und Haselmäusen ernährten.

Mit dem Zerfall des Imperiums begann für Rom eine Epoche der Isolation und der Unterbevölkerung. Die Küche der Römer veränderte sich zwischen dem 6. und dem 19. Jahrhundert kaum. Das ausgeklügelte System der Wasserversorgung war vom 6. Jahrhundert bis zum Pontifikat Papst Nikolaus V. (1447–1455) außer Betrieb, und die Einwohnerzahl der einstigen Millionenstadt sank auf unter fünfzigtausend. Im Mittelalter drängten sich die Menschen am Ufer des Tiber, der wichtigsten Wasserquelle. Sie besetzten und zerstörten teilweise die antiken Monumente und hinterließen jene architektonischen Spuren, die noch heute das Herz der Ewigen Stadt prägen.

Nicht zuletzt wegen des sprunghaften Bevölkerungsanstiegs sollte sich das Gesicht der Stadt dramatisch verändern, als Rom 1870 Hauptstadt des geeinten Italiens wurde. Doch bis dahin versorgten über Kanäle und Bäche bewässerte Gärten innerhalb der Stadtmauern die Bevölkerung mit Sellerie, Artischocken, Kohl und anderem Gemüse. Wassermühlen trieben auf dem Tiber und mahlten Mehl für Pasta und das tägliche Brot. Pasta mit Eiern war den Reichen vorbehalten, die Armen verwendeten nur Mehl und Wasser. Bis zum Siegeszug der Tomate im 18. Jahrhundert war die Sauce gewöhnlich eine Mischung aus Schweinespeck und Pecorino. Industriell hergestellte getrocknete Pasta kam erst Ende des 19. Jahrhunderts auf.

Außerhalb der Stadtmauern sammelten die Römer wild wachsendes Gemüse und Kräuter.

Steinpilze *(porcini)* und Kaiserlinge *(ovoli),* die heute Spitzenpreise erzielen, wuchsen praktisch am Wegesrand und waren wichtiger Bestandteil der Alltagsküche.

Die ersten Restaurants der Stadt waren die Urahnen der heutigen Weinbar und der *tavola calda* (wörtlich »heißer Tisch«, ein Lokal, in dem man eine billige warme Mahlzeit bekommt). In Pompeji und im antiken Hafen Ostia ist in den *thermopolia,* den antiken Vorläufern der Garküche, noch heute zu sehen, wo die Amphoren und Krüge in die Ladentheke eingelassen waren, während Fresken an der Wand das Angebot vermeldeten: Zwiebeln, Oliven und Käse.

Obwohl Rom seit jeher ein Magnet für Menschen aus aller Welt war, begann der Massentourismus erst mit den christlichen Wallfahrten des Mittelalters, besonders im Jubeljahr 1300. Jahrhundertelang kehrten Pilger in Tavernen und Osterias ein, deren Namen wie »Zum Falken« oder »Zu den zwei Schwertern« für Gäste, die nicht lesen konnten, in Symbolen angeschlagen waren. Jedes Lokal bot eine eigene Spezialität, etwa Schmorbraten oder Schweineragout und Karaffenwein, der zum Teil aus dem Stadtgebiet stammte. Auch im 18. und 19. Jahrhundert schwelgten Nordeuropäer auf Grand Tour in pittoresken *osterie,* die ihren Vorläufern nicht unähnlich waren.

Der Wirtschaftsboom nach dem Zweiten Weltkrieg brachte neben demografischen auch kulinarische Umwälzungen. Während amerikanische Touristen ihre Münzen in den Trevi-Brunnen warfen und sich Hollywoods Filmstars im Rampenlicht der Cinecittà sonnten, brachten Arbeiter aus dem Süden des Landes neue kulinarische Moden wie die Pizza in die Hauptstadt.

In jenen Tagen maß man Wohlstand in Kalorien, versinnbildlicht in den legendären *fettuccine al triplo burro* (Fettuccine mit dreifach Butter) aus dem Ristorante Alfredo, besser bekannt als »Fettuccine Alfredo«. Schwere Sahnesaucen sickerten in die Speisekarten der Trattorias und verschwanden erst wieder mit den alternativen Esslokalen der Post-68er-Jahre, die mit Kreationen wie Salat mit Dosenmais den Aufstand gegen die römische Kultur probten. Eine Küche der wenigen Handgriffe und der völlige Bruch mit der Tradition waren ihre einzige Devise. Gott sei Dank bekam man auch damals in jeder Trattoria eine anständige Portion *spaghetti alla carbonara.*

Ende der 1980er-Jahre begannen begabte Köche, die klassischen Gerichte mit den denkbar besten Zutaten für den anspruchsvollen Gaumen neu zu erfinden. Die *cucina creativa,* Italiens Antwort auf die Nouvelle Cuisine, entstand in einigen exklusiven Restaurants in Rom. Mittlerweile erlebt aber auch eine leichtere Fassung der traditionellen römischen Küche (wie Regionalküchen insgesamt) eine Renaissance. Die Eröffnung der ersten McDonald's-Filiale an der Piazza di Spagna im Jahre 1985 führte zu einem Aufschrei der Traditionalisten. Gerichte der alten Schule wie die fast vergessenen *pasta alla gricia* wurden schon bald zu einer Art Schlachtruf ihres Widerstands. In jener Zeit entwarfen die im Piemont ansässige Vereinigung Arcigola Slow Food und die einflussreiche Gourmetbibel »Gambero Rosso« das Profil einer traditionellen und zugleich modernen Küche.

DIE RÖMISCHE KÜCHE HEUTE

Als geografisches Zentrum Italiens und jahrtausendealter Anziehungspunkt für Menschen aus aller Welt besitzt Rom alle Zutaten eines gastronomischen Schmelztiegels. Doch auch wenn progressive Restaurants und kulinarische Importe im Aufwind sind, halten die Römer ihren Traditionen unbeirrbar die Treue.

Es mögen Handys auf dem Tisch liegen, doch auf den Tellern der Ewigen Stadt herrscht Beständigkeit. Je neuer das Restaurant, so scheint es eher, desto vertrauter die Karte. Hier betreiben Köche noch kulinarische Archäologie oder konsultieren ihre Großmütter, wenn sie an Rezepten feilen.

Beste und strikt saisonale Zutaten sind das A und O der römischen Küche. Pasta bildet das Fundament, umrahmt von makellosem Gemüse und einfach zubereitetem Fleisch und Fisch. Die meisten Gerichte bergen wenige Zutaten und noch weniger Geheimnisse: Man beißt hinein und weiß, was es ist. Ein winziges Extra in den *spaghetti alla carbonara* gilt in Rom schon als gewagt.

Nicht dass ganz Rom am liebsten im Museum äße, einige kreative Köche streben zweifellos nach neuen Ufern. Die meisten essen einfach gern das, was ihnen schon immer geschmeckt hat, und das aus gutem Grund. Sie freuen sich im Mai auf Dicke Bohnen, im Juni auf Feigen, im Juli auf Pfirsiche und im Oktober auf Persimonen (Kaki). Banker und Busfahrer frohlocken, wenn es am Donnerstag in ihrer Stammtrattoria Gnocchi gibt. Fischfans jubeln dienstags und freitags, den beiden Frischfischtagen. In Rom schenkt man sich zu Weihnachten und Ostern noch selbst gebackene Plätzchen. Wie lange diese Bräuche in einer Welt der Supermärkte und der schwindenden Mittagspausen noch überdauern werden, erfüllt viele mit ernster Sorge.

Ist Rom auch nicht gänzlich resistent gegen kulinarische Moden und Marotten, so ist es doch angenehm immun gegen alle Arten von fanatischen Trends, die ganze Gruppen von Speisen vom Tisch fegen. Lässt man täglich sechs Espresso und eine Schwäche für Pasta, Frittiertes, Salami und *pancetta* einmal beiseite, so entspricht die römische Esskultur durchaus dem mediterranen Ideal: viel Obst, Gemüse und Hülsenfrüchte, frischer Fisch und Fleisch in Maßen. Das wichtigste Speisefett ist Olivenöl. Der zarte Schmelz von römischem Eis ist im Ausland unerreicht, Wein genießt den Vorzug vor Hochprozentigem, und das Leitungswasser ist ausgezeichnet.

Vegetarische Restaurants gibt es nur wenige. Wozu auch, wenn man *carciofi alla romana* (geschmorte Artischocken; Seite 159) in jeder einfachen Trattoria bekommt. Bioprodukte *(biologico)* sind allerdings auf dem Vormarsch, und sogar Makrobiotiker kommen auf ihre Kosten. Gerichte wie *hummus und tabbouleh,* die sich in den 1990ern durch die vegetarische Hintertür in das Bewusstsein der Römer schlichen, sind bei jungen Leuten und auf zwanglosen Partys voll im Trend.

Auch einige »auswärtige« Einflüsse sind in Rom präsent. Besonders beachtet werden die Spezialitäten aus anderen Teilen Italiens. Ein Restaurant, das *ribollita* serviert, eine Gemüsesuppe, die in Florenz allgegenwärtig ist, oder *seadas,* honiggetränktes Käsegebäck aus Sardinien, gilt in Rom schon als exotisch.

Französische Restaurants sucht man in Rom fast vergeblich, doch stolpert man dann und wann über eine betriebsame »Bierhalle« *(birreria),* in der Frankfurter Würstchen, Sauerkraut *(crauti)* und natürlich Bier serviert werden. Echte ausländische Lokale waren seit jeher die Ausnahme. Am Trajanforum gab es jahrelang ein vereinzeltes ungarisches Restaurant, bevor sich Chinesen darin versuchten und es nach weiteren Wechseln als sizilianisch wieder eingebürgert wurde. Die aufwendige und opulente Küche der Sizilianer ist in der Gastronomieszene übrigens sehr populär. Dennoch gibt es nur wenige sizilianische Lokale in der Capitale.

Zugenommen hat die Zahl der Inder, und auch die Chinesen haben an Popularität gewonnen. Leider führen zumeist Tiefkühlware und Konserven in ihren Küchen Regie. Die wenigen eritreischen und orientalischen Lokale ziehen hauptsächlich Neurömer und Neugierige an, die nach etwas Abwechslung suchen.

Die Idee von einer globalen Verschmelzung der Küchen ist in Rom noch nicht angekommen. Die meisten kulinarischen Kreuzungen beschränken sich auf regionale Spezialitäten. Der originelle Bruch mit der Tradition heißt *cucina creativa.* Köche wie Heinz Beck vom La Pergola im Cavalieri Hilton Hotel auf dem Monte Mario (der Einzige in Rom mit zwei Michelin-Sternen) oder Angelo Troiani vom Il Convivio nahe der Piazza Navona können ihrer ganzen Kreativität freien Lauf lassen, sie mögen sogar fremde Zutaten verwenden, doch die Lektüre der Speisekarte identifiziert sofort Ort, Jahreszeit und eine konsequente Linie. Beck bietet eine Vielzahl kleiner Gerichte wie Artischocken auf fünf verschiedene Arten, während Troiani gekonnt mit Kontrasten agiert. Man stelle sich vor: das leicht süßliche Aroma von Garnelen mit einem Hauch bitterem Campari.

Ein Streifzug durch die Regale eines römischen Supermarkts führt in eine Welt der Dosensaucen und Tiefkühlpasta. Dahin ist die Illusion von glücklichen italienischen Familien, die jeden Tag am Tisch von *la mamma* so richtig zulangen. Der moderne Italiener greift immer häufiger zu Fertigprodukten. Doch selbst gestresste Eltern, die dankbar jede zeitsparende Erfindung annehmen, oder Singles, die aus Furcht vor der Einsamkeit am Herd lieber ein knuspriges Grillhähnchen von der *rosticceria* an der Ecke mit nach Hause nehmen, sind zur Not in der Lage, etwas Schmackhaftes auf den Tisch zu bringen. Der gute Rat der *mamma* kostet ohnehin nur einen Anruf.

Natürlich kochen viele Römer gern und stehen stundenlang in der Küche, um für Freunde etwas ganz Besonderes auf den Tisch zu zaubern – alles selbst gemacht, versteht sich. Das ist die Stunde, um Geheimtipps auszutauschen und kulinarische Schätze zu teilen: den besten *mozzarella di bufala* der Stadt, einen sorgsam gehegten Amarone aus einer besonderen Lage, gerade trinkfertig für einen vollreifen Gorgonzola, oder eine Lammkeule am Spieß für vier Personen. Die großen Glanzstücke der römischen Küche schmurgeln ohnehin in den Kochtöpfen einfacher Privathaushalte, schlichte, schmackhafte Mahlzeiten aus regionalen Zutaten, die man schon zu Olims Zeiten kannte.

FRANCESCO

ESSEN GEHEN

Auch über Roms Restaurants leuchtet so mancher Michelin-Stern, das Esslokal *par excellence* ist jedoch die Trattoria, das zwanglose Restaurant an der Ecke mit einfachen traditionellen Speisen, die wie zu Hause schmecken. Hier findet man die authentische und herzhafte regionale Küche.

Ob einfache Spaghetti oder ein aufwendiges Luxusmenü, am besten isst man in Roms Familienrestaurants, meist kleinen Lokalen mit nur wenigen Tischen, in denen der Eigentümer noch persönlich nach dem Rechten sieht. Selbst wenn sich viele aus Lust am kulinarischen Kick in jeden neuen Laden stürzen, kehren sie meist zu ihren ein bis zwei Stammlokalen zurück.

Wenn Römer essen gehen, steht nicht so sehr das Essen im Mittelpunkt. Wichtiger ist das *stare insieme,* das Zusammensein mit Freunden, während andere die Arbeit machen. Altbewährte Klassiker, die zu kompliziert und zeitaufwendig für zu Hause sind, stehen am höchsten im Kurs. Tradition prägt nach wie vor den Appetit, und die vertrauten Gerichte sind auf Roms Speisekarten so verlässlich wie das Amen in der Kirche. Nur auf den Tellern überdrüssiger Köche herrscht Langeweile, schließlich wussten schon Sophokles, Euripides und Shakespeare alte Geschichten neu zu würzen und mit jedem Erzählen noch spannender zu machen. Da das Interesse an Wein, Top-Produkten und Spezialitäten aus allen Ecken Italiens beständig wächst, weht mittlerweile sogar in manch unerschütterlich geglaubter Trattoria ein frischerer Wind.

Roms gastronomische Landschaft

Der Tag in Rom beginnt früh mit einem Kaffee und einem Stück Gebäck in *il bar.* Eine Bar fungiert zuallererst als Café und Treffpunkt, weniger als Ausschank für Hochprozentiges. Der kleine Hunger in der Mittagspause führt zum zweiten Mal in die Bar und zu Snacks wie *tramezzino, pizzetta* oder *medaglione.* Genuss mit Weile bieten dagegen mittags und abends die zwei- bis viergängigen Menüs der Restaurants und Trattorias. Ein ausgedehntes Essen mit viel Wein und Konversation ist ein typisches Abendprogramm. Die etwas leichtere Küche der vielen Weinbars (Seite 54) ist besonders nach einem umfangreichen Mittagessen eine gute Wahl für den Abend.

Die Römer sind nicht gerade bekannt für ihre geschliffenen Manieren; die Kellner sind oft schroff und unwirsch. Der eher saloppe Service vergällt vor allem Touristen. Nehmen Sie es nicht persönlich, es ist einfach ihre Art. Was die Kellner an Charme vermissen lassen, machen sie meist durch Geschick wieder wett. Und was wäre eine bessere Gelegenheit, sein Italienisch aufzupolieren, als den Kellner nach der Speisekarte oder gutem Wein zu fragen?

Ein gewisser Sinn für Design und Dekor drang erst spät in die römische Gastronomie. Der Wandschmuck ist kein verlässlicher Indikator für Preis und Qualität. Selbst einige der feinsten Adressen sind im besten Fall unscheinbar. Was man dort für schmückendes Dekor hält, entpuppt sich oft als Ansammlung gerahmter Privatfotos und anderer gediegener Memorabilien. Dafür sind einige Restaurants für ihre wunderschönen Aussichten bekannt, so zum Beispiel das La Terrazza im Hotel Eden nahe der Via Veneto mit seinem wun-

derbaren Blick durch die Panoramafenster über die Dächer von Rom. Von der Terrasse des La Pergola genießt man im Sommer einen einzigartigen Ausblick; doch der Speisesaal mit seinem auf Hochglanz polierten Holz und Messing und den frischen Blumen muss sich deshalb nicht verstecken. Die prächtigen Räumlichkeiten des Vecchia Roma werden vor allem im Winter genutzt, im Sommer bietet die Piazza Campitelli vor dem Restaurant ohnehin ein konkurrenzloses Ambiente. Auch ein nüchterner Minimalismus wie im 'Gusto erobert mehr und mehr das barocke Rom.

Restaurants, die Maßstäbe setzen

Einige der besten Restaurants in Rom stehen zum Teil in jahrhundertealter Tradition. Der französische Essayist Montaigne logierte 1580 in dem Gasthaus L'Orso (»Zum Bären«) zwischen Tiber und der Piazza Navona. Als der berühmte Mailänder Koch und Gastronom Gualtiero Marchesi im Jahre 2001 genau dort seine elegante Hauptstadtfiliale eröffnete, hielt er an dem Namen Hostaria dell'Orso (»Gasthaus zum Bären« fest. Bereits seit dem frühen 16. Jahrhundert existiert das ehrwürdige Ristorante La Campana nicht weit davon entfernt. Die Hostaria dell'Orso bietet neben raffinierter Küche, die Klassisches mit Kreativem verbindet, auch eine Pianobar. La Campana glänzt dagegen mit typisch römischen Trattoria-Gerichten wie *spaghetti all'amatriciana* und *carciofi alla romana.*

Flussabwärts in Testaccio servieren die Marianis im Checchino dal 1887 ihren finanzkräftigen Kostgängern *Quinto-quarto*-Gerichte (Seite 143), die schon ihre Urgroßmutter im 19. Jahrhundert für die Schlachthofarbeiter von gegenüber kochte. Im Al Presidente, einen Münzwurf vom Trevi-Brunnen entfernt, offeriert Sebastiano Allegrini in der ehemals elterlichen Trattoria eine Art mediterranes Sushi sowie eine Auswahl traditioneller Fisch- und Fleischgerichte. Agata Parisella, Vertreterin der kreativen Küche, verwandelte mit ihrem Ehemann Romeo Caraccio die Trattoria ihrer Familie nahe der Kirche Maria Maggiore in das elegante Ristorante Agata e Romeo. Zur besten Seafood-Adresse Roms, La Rosetta, machte Massimo Riccioli das Lokal seines Vaters in der Via della Rosetta am Pantheon.

Die vielen lose als »Trattoria« zusammengefassten Restaurants der Stadt bieten ein breites Spektrum an Speisen und ein unterschiedliches Maß an Eleganz. Das Lucia und Augusto in Trastevere verkörpern beide die alte Schule mit schlichten Räumen und noch schlichteren Speisen. Unter den *primi* findet man garantiert die notorischen *pasta alla carbonara* und/oder *amatriciana,* die *secondi* umfassen gewöhnlich einfaches gegrilltes Fleisch. Frequentiert werden diese Lokale vor allem von Touristen, die auf der Suche nach dem wahren Rom sind, und von Römern, die Altbewährtes zu reellen Preisen wollen. Die Enoteca Corsi in der Via del Gesù entstand aus dem Hinterzimmer einer Weinhandlung. Eine geliftete Speisekarte und wunderbare Desserts bietet La Piazzetta nahe der Via Cavour. Colline Emiliane in der Nähe der Piazza Barberini und La Gensola in Trastevere offerieren Gerichte aus der Emilia-Romagna und Sizilien.

GAMBERI
MERLUZZI
di ANZIO
€ 22,00 Kg
GAMBERONI
ORATE
di GAETA
€ 14.50 Kg

DIE MÄRKTE VON ROM

Große Märkte und zahllose kleine Lebensmittelläden sind ein Paradies für jeden Einkäufer. Und ganz nebenbei bekommt man noch gratis ein Rezept, erfährt den neuesten Klatsch und erhält eine Lektion in sechs verschiedenen Tomatensorten oder im fachmännischen Zuschneiden von *puntarelle* und *carciofi.*

Auf Roms Märkten einzukaufen erfordert die Kenntnis einiger Regeln, die Unkundige schleunigst lernen sollten. So sollte man wissen, wie man mit Nachdruck auf bester Qualität besteht und wie man seinen Platz »in der Schlange« behauptet. Wenn Sie nicht drängeln, geht man davon aus, dass Sie nur gucken wollen. Wer als Besucher über keine Küche verfügt, braucht das Erlebnis nicht zu missen. Ein paar Brocken Italienisch genügen, um ein exzellentes Picknick zusammenzukaufen und es in einem der vielen Parks zu genießen.

In Rom kennt man keine Einkaufszettel. Man plant und entscheidet jeweils nach Qualität und Marktlage. Je nach Saison gibt es frische Dicke Bohnen und gepalte Erbsen, kunstgerecht geschnittenen *puntarelle* (eine Zichorienart), kleine, flachrunde Borettana-Zwiebeln, geschält und küchenfertig für ein Schicksal *in agrodolce* (süßsauer), sowie zahlreiche Blattgemüse, darunter Spinat, Stängelkohl und Blattzichorien.

Jedes Viertel in Rom verfügt über einen großen und mehrere kleine Märkte. Die meisten sind täglich außer sonntags geöffnet. Die bekanntesten großen Märkte befinden sich auf der Piazza Testaccio und der Piazza Campo de' Fiori und nahe der Piazza Vittorio Emanuele. Kleinere Märkte versorgen in allen Winkeln der Stadt die unmittelbare Nachbarschaft. Besonders lohnend sind der Markt vor dem Restaurant Al Presidente in der Via Bocca de Leone nahe dem Trevi-Brunnen und der hübsche Markt in der Nähe der Kirche San Saba im Stadtteil Aventino.

Zwischen einem Marktstand und einem kleinen Lebensmittelladen besteht kein großer Unterschied, abgesehen von den Öffnungszeiten (die Läden öffnen auch am Nachmittag) und der Anwesenheit von Mauern. Das farbenfrohe Sortiment ist bei großzügiger Auslegung meist auf eine Warengruppe beschränkt. In einer *salumeria* oder *salsamenteria* bekommt man Schinken, Salamis und Käse. Der *fruttivendolo* ist der Obst- und Gemüsehändler. Die *pescheria* verkauft Fisch, die *macelleria* Fleisch. *Alimentari* ist ein allgemeiner Lebensmittelladen, der meist keine frischen Erzeugnisse bietet.

Campo de' Fiori

Der Freiluftmarkt auf dem Campo de' Fiori ist der wichtigste Markt im Centro Storico. Das häufig fotografierte »Blumenfeld« scheint die imposante Statue des Philosophen und Theologen Giordano Bruno trösten zu wollen, der hier 1600 auf dem Scheiterhaufen starb. Der große, rechteckige Platz befindet sich zwischen der wunderschönen Piazza Farnese mit dem prächtigen Palazzo Farnese aus der Renaissance und einem kleinen Platz mit dem Palazzo della Cancelleria. Alle drei Plätze und die sie umgebende schmale Gasse sind gesäumt von zahlreichen beliebten Trattorias, Bars und Esslokalen für Touristen, junge Leute und Bewohner dieses einstigen Arbeiter- und heutigen Szeneviertels.

Es liegt nicht an den Händlern des Campo de' Fiori, dass er die meisten Touristen anzieht, sondern an seiner Lage. Wer das Gewühl und den Trubel verkraftet, wird mit einer Auswahl und Qualität ersten Ranges belohnt. Geradezu ein Muss ist der große Stand von Claudio Zampa in der Mitte der Piazza. Er bietet ein riesiges Sortiment saisonaler Produkte und auch einige exotische Früchte. In einer Ecke des Marktes verkaufen ein paar Fischstände exzellenten Wolfsbarsch, frische Sardellen und andere maritime Bestseller.

In einem anderen Winkel nahe der Piazza Farnese befindet sich eine der beliebtesten Bäckereien in ganz Rom: Antico Forno del Campo de' Fiori. Probieren Sie unbedingt die *pizza bianca* (Seite 48). Dort gibt es auch eine vorzügliche *torta di mele* (Apfelkuchen), eine weniger bekannte römische Delikatesse.

Piazza Vittorio

Einer der wenigen Orte in Rom, an dem man sich kaum noch in Italien wähnt, ist die labyrinthische Markthalle zwischen der Via Filippo Turati und der Via Lamarmora südlich des Hauptbahnhofs »Roma Termini«. Hier liegt der Stadtteil Esquilin, benannt nach einem der sieben Hügel Roms und seit einigen Jahrzehnten Anziehungspunkt für eine wachsende Zahl an Zuwanderern aus Afrika, Asien und dem Nahen Osten. In der geräumigen, mit Glas überdachten Halle findet man von koscherem Fleisch über grüne Bohnen aus Marokko und getrockneten Fisch aus Bangladesch bis hin zu allen Arten von Gewürzen, Reis und Hülsenfrüchten einfach alles. Hinzu kommt eine reiche Auswahl an regionalem Obst und Gemüse, frischem Fisch und Fleisch.

Piazza Testaccio

Das Herz des kulinarisch geprägten Viertels Testaccio ist der große, überdachte Markt auf der Piazza Testaccio. Fast eine gesamte Seite des Platzes gehört den Fischhändlern mit Rosa und Nello an der Spitze, die gern Ihre frischen Sardellen filetieren oder Ihren Aal abziehen, während Sie inzwischen Obst einkaufen. Gleich neben den Fischständen steht der Tomaten-Mann. Hier finden Sie die beste Auswahl des ganzen Marktes, von den fleischigen Cuore di Bue aus Ligurien bis zu den winzigen, an Datteln erinnernden Datteri aus Sizilien. Am anderen Ende des Marktes verkaufen die Selbsterzeuger ihre Produkte (die meisten Händler beziehen ihre Ware vom Großmarkt). Dies ist die beste Adresse für Blattzichorien und frische Möhren. Die Kundschaft ist betucht, die Atmosphäre lebendig und ungekünstelt mit viel gutherzigem Geschrei und Flachs zwischen den Händlern, die wie kaum ein anderer in der Stadt Artischocken, *puntarelle* und *broccoletti* zurechtschneiden können.

Fleisch ist immer noch ein wichtiger Artikel in diesem Bezirk, in dem sich der ehemalige Schlachthof befindet und seine Mitarbeiter lebten und aßen. Alle erdenklichen Fleischsorten sind auf dem Markt und in den umliegenden Geschäften vertreten. Gourmets von überall pilgern zu Volpetti in der Via Marmorata, einem Laden, voll gestopft mit den feinsten Fleisch- und Wurstwaren sowie Käse und Gewürzen aus allen Ecken Italiens.

TORREFAZIONE
0,99

EIN STREIFZUG DURCH ROMS STADTVIERTEL

Jeder Stadtteil Roms ist mit Restaurants, Trattorias, Gelaterias und Cafés ebenso gesegnet wie mit Einkaufsmöglichkeiten für erntefrisches Gemüse, *mozzarella di bufala* und *prosciutto di Parma.* Wo ist also der Unterschied? Es muss die Geschichte sein.

Im 1. Jahrhundert n. Chr. gliederte Kaiser Augustus Rom in vierzehn Bezirke. Auch heute, zweitausend Jahre später, ist die Stadt innerhalb der Stadtmauern in Bezirke, *rioni,* unterteilt, deren Zahl sich auf zweiundzwanzig beläuft (darüber hinaus unterscheidet man Außenviertel, *quarteri,* und Vorstädte, *suburbi).* Viele *rioni* haben ihre eigene urbane Atmosphäre bewahrt, eine Mischung aus Geschichte, Architektur, Monumenten, öffentlichen Einrichtungen und natürlich den Bewohnern. Zwar führen die örtlichen Geschäfte alles, was man zum täglichen Leben braucht, doch die Top-Adressen unter den Läden und Lokalen ziehen ihre Kundschaft von überall her an.

Trastevere

Der Name Trastevere bedeutet »jenseits des Tiber« und bezeichnet die Gegend auf der linken Uferseite südlich der Flussschleife gegenüber von Testaccio. Die *trasteverini* nennen sich selbst gern die letzten wahren Römer und feiern sich jeden Sommer im Juli mit der Festa de' Noantri (»der Rest von uns«). Doch in dem dicht bevölkerten Trastevere (Rione XIII) wimmelt es auch von Künstlern, Zugezogenen und »Bezirkstouristen« aus weniger umtriebigen Stadtteilen. Hier befindet sich das einzige englischsprachige Kino der Stadt sowie eine der ältesten Kirchen Roms, die wunderschöne Santa Maria in Trastevere (versäumen Sie nicht die prachtvollen Mosaiken). Rund um die Kirchen Santa Maria und Santa Cecilia herrscht nachts zwischen den efeuberankten Palazzi und schmalen, gewundenen Gassen ausgelassenes Dolce Vita. Junge Leute jeglicher Couleur treffen sich hier zum Essen, Trinken und Feiern.

Trastevere hat vermutlich das beste kulinarische Angebot Roms. Nur einige Schritte vom Markt auf der Piazza San Cosimato entfernt verkaufen Läden wie Filippetti in der Via Natale del Grande frisch gerösteten Kaffee und exotische Gewürze. Erstklassigen Ricotta, Holzofenbrot aus Genzano sowie die besten Weine und *salumi* bekommt man in der Antica Caciara Trasteverina in der Via San Franceso a Ripa. Hier gibt es auch alle möglichen Sorten Sandwiches, Pizza und *dolce.* Für ein Stelldichein in einem Szene-Café ist die Gegend ebenfalls goldrichtig.

Inmitten der Ausgelassenheit findet man einige exzellente Adressen mit feiner, aber keineswegs exaltierter Küche. Das Ristorante Paris an der kleinen Piazza San Calisto zwischen der Piazza San Cosimato und der Piazza di Santa Maria in Trastevere bietet neben jüdischer Küche und traditionellen römischen *Quinto-quarto*-Gerichten (Seite 143) auch ausgezeichneten Fisch. Im Checco er Carettiere nahe der Fußgängerbrücke Ponte Sisto wird getreu dem traditionellen römischen Motto »Keine Experimente bitte« gekocht (probieren Sie unbedingt *supplì* und die *fritti*). Oberhalb von Trastevere auf dem Gianicolo gegenüber der Porta di San Pancrazio liegt das wohl schickste Restaurant der Gegend, L'Antico Arco, hoch gelobt für seine hervorragende, Trends setzende Küche, die Tradition und Moderne kreativ vereint.

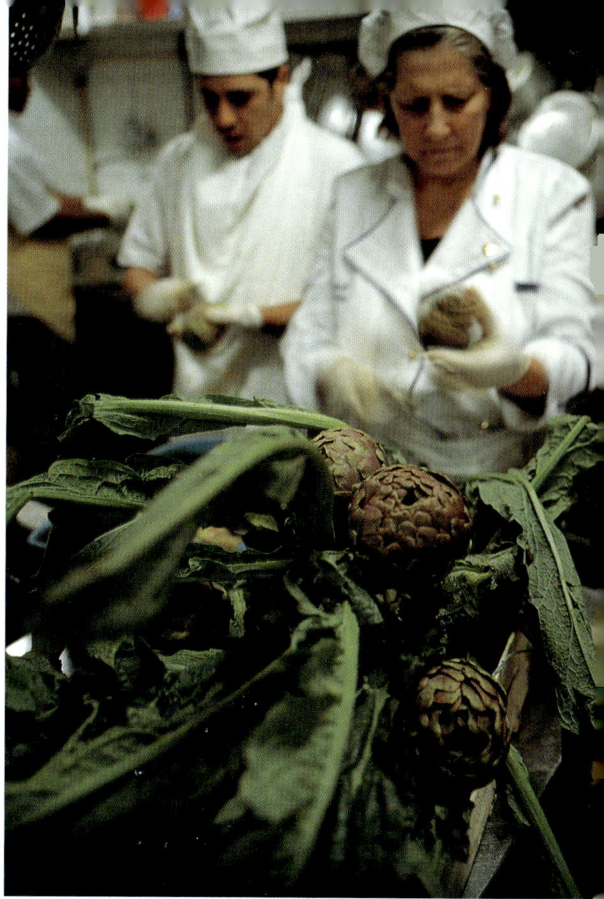

Centro Storico

Der berühmte Markt auf der Piazza Campo de' Fiori ist das kulinarische Herz einer der archäologisch interessantesten Gegenden in Roms Zentrum. Es erstreckt sich über mehrere kleine *rioni*. Anders als rund um das Forum Romanum mit seinen klar umrissenen antiken Stätten ist die Gegend vom Pantheon und der Piazza Navona südwärts bis zum Tiber und östlich bis zum Marcellus-Theater eine archäologische Fundgrube, in der antike Relikte mit der Architektur des Mittelalters, der Renaissance und der Neuzeit verschmelzen.

Zum Glück ist für Mundvorrat überall reichlich gesorgt, während Sie vermutlich vergeblich die Umrisse des Pompeius-Theaters aus dem 1. Jahrhundert v. Chr. aufzuspüren versuchen oder über den Ursprung der Steinwannen auf der Piazza Farnese nachsinnen.

Auf der schönen Piazza Navona mit ihren plätschernden Brunnen, einst ein antikes Stadion, erwartet einen das schicke In-Café Tre Scalini mit dem berühmten *tartufo,* einer Erfindung des Hauses. Auch rund um das Pantheon, Roms am besten erhaltenen antiken Tempel, lässt das Eis nichts zu wünschen übrig (versuchen Sie Fiocco di Neve oder Giolitti). Ein Muss ist ein Besuch in den legendären Café-Bars Sant'Eustachio und Tazza d'Oro (Seite 34). Trattoria Armando mit häufig wechselnder Karte und fabelhaften Desserts sowie der Seafood-Spezialist La Rosetta sind die beiden herausragenden Restaurants dieser Gegend.

Die schmale Fußgängergasse Via dei Giubbonari beherbergt das heimelige Filettaro Santa Barbara, Roms erste Adresse für gebackenen Klippfisch, sowie das charmante Roscoli, ein Gourmet-Shop mit Kombüse. Von dort sind es nur ein paar Schritte über die Via Arenula ins jüdische Viertel (Rione XI) und zum Antico Forno del Ghetto, einer winzigen koscheren Bäckerei, die angeblich den besten Ricottakuchen der Stadt macht. Man muss für gebratene Artischocken nicht unbedingt ins Ghetto, doch ein Mittagessen bei Piperno in der Via Monte de' Cenci oder im nahen Da Giggetto ist Anlass genug für einen Bummel über die Via del Portico d'Ottavia, die einige der ältesten, dauerhaft bewohnten Häuser der Stadt beherbergt.

Testaccio

Städtebaulich ist das südlich vom Zentrum am Tiber gelegene Testaccio (Rione XX) relativ jung. Die meisten Gebäude entstanden im Rahmen eines Restrukturierungsplans aus dem Jahre 1873, der den ehemaligen Hafen und das freie Areal in ein Arbeiterwohnviertel und Industriegebiet verwandelte. Seinen Namen hat das Viertel vom Monte Testaccio, einem riesigen Scherbenhaufen aus antiken Amphoren aus dem 4. Jahrhundert, dem Verpackungsmüll des Altertums.

Kulinarische Verdienste verdankt das Viertel jedoch dem *mattatoio,* dem zwischen 1888 und 1891 erbauten Schlachthof, dessen Arbeiter zum Teil mit *il quinto quarto,* den weniger edlen Fleischstücken und Schlachtabfällen, entlohnt wurden, die in den Kochtöpfen der umliegenden Trattorias zu herzhaften Mahlzeiten schmorten. Das Gebäude mit der Skulptur eines stattlichen Ochsen über dem Eingang (Seite 143) steht noch heute und diente seither unterschiedlichen Zwecken.

Auch die Trattorias gibt es noch, wenngleich die meisten längst auf eine jüngere und schickere Klientel eingestellt sind als noch vor zehn, zwanzig Jahren. Checchino dal 1887 in der Via di Monte Testaccio ist seit mehr als hundert Jahren im Geschäft, wie der Name verrät, und verwöhnt seine Gäste nach Kutteln und *coda alla vaccinara* (geschmorter Ochsenschwanz) mit dem feinsten Piemonteser Käse. Trattorias wie Da Oio a Casa Mia in der Via Galvani, Da Bucatino in der Via Luca della Robbia und Agustarello in der Via Giovanni Branca bieten preiswerte Versionen der Testaccio-Klassiker. Wer es etwas leichter mag, geht am besten auf einen Snack ins Volpetti Più, das viele der in dem Volpetti-Laden in der Via Marmorata verkauften Fertiggerichte wie Pizza, *suppli, baccalà alla romana,* gefüllte Zucchini und vieles mehr auch zum dortigen Essen anbietet.

Prati

Roms Straßennamen verraten hier und da einen gewissen Sinn für Humor. So verläuft die breite Via Cola di Rienzo, benannt nach dem populären Volkstribun, der im 14. Jahrhundert dem Papst und Adel die weltliche Macht über Rom entreißen wollte, ausgerechnet vom Tiber zum Vatikan. Dieser Stadtteil heißt Prati (wörtlich: Wiesen). Sein gitterartiges Straßennetz stammt aus den Jahren nach 1870, als Rom die Hauptstadt des geeinten Italiens wurde. Besonders die Via Cola di Rienzo ist eine beliebte Shopping-Meile mit reichem Angebot und Möglichkeiten zur Stärkung zwischen den Einkäufen. Mancher Römer rührt kein Grillhähnchen an, sofern es nicht von Franchi stammt, dem Gourmet-Laden und *tavola calda* in der Nr. 200. Andere brühen keinen Kaffee auf, solange es keine Mischung von Castroni gleich nebenan in der Nr. 196 ist. Die Markthalle Piazza dell'Unità ist dank des exzellenten und reichen Lebensmittelangebots und des markanten weißen Gebäudes aus dem Jahre 1928 ebenfalls ein Publikumsmagnet. Viele Römer schwören auf die 1904 gegründete Gelateria Pellacchia (Nr. 103 in derselben Straße), in der die Sahne noch heute von Hand geschlagen wird.

Monti und Esquilin

Die Stadtteile Monti und Esquilin erstrecken sich grob über ein Dreieck vom Kolosseum zur Basilika von San Giovanni in Laterano im Süden und dem Zentralbahnhof »Termini« im Norden. Eingezwängt zwischen der Via Cavour und der Via Nazionale liegen die schmalen Gassen Montis, das antike Suburra, ein berüchtigtes Elendsviertel. Weiter in Richtung Hauptbahnhof verlaufen die breiten Boulevards von Esquilin. Inmitten von mehrstöckigen Villen aus dem späten 19. und frühen 20. Jahrhundert eröffnen dort gegenwärtig Einwanderer aus Afrika und Asien zahlreiche Geschäfte und Restaurants.

Kulinarisch wird die Gegend vom Markt auf der Piazza Vittorio regiert (Seite 22). Weit oben auf jeder Rangliste römischer Top-Adressen steht das Ristorante Agata e Romeo. Die kleine, schmucklose Trattoria Monti um die Ecke in der Via San Vito bietet Gerichte aus den Marken. In der Via Merulana, in Sichtweite der Basilika Santa Maria Maggiore, locken das Brot und Gebäck von Panella Kunden aus der ganzen Stadt, während man weiter unten in Monti in der Pizzeria Leonina (Via Leonina) erstklassige Pizza *al taglio* bekommt. Doch wenn es einen Ort gibt, der das ganze Viertel glücklich macht, dann ist es die Gelateria Fassi unter den Schatten spendenden Portiken der einst prächtigen Piazza Vittorio Emanuele. Die Gegend ist ein bisschen heruntergekommen und wegen der Nähe zum Bahnhof nachts nicht ganz ungefährlich. Dennoch lohnt der Weg ins Fassi, das eher eine schlichte Eisdiele als eine gestylte Gelateria ist und Anwohner wie Besucher schon seit 1928 nach Kräften verwöhnt.

A
B
C
D
E
F
G
1
2
3
4
5
6
7
Pineta Sacchetti
Via di Valle Aurelia
Piazzale degli Eroi
Via Andrea Doria
Via Barletta
Viale Giulio Cesare
Piazza dei Quiriti
Via M. A. Colonna
Via Ottaviano
Via Cola di Rienzo
Viale degli Ammiragli
Via Cipro
Via Angelo Emo
Piazza del Risorgimento
Via Crescenzio
Via Cicerone
PRATI
Piazza Cavour
PALAZZO DI GIUSTIZIA
CASTEL SANT'ANGELO
CITTÀ DEL VATICANO
MUSEI VATICANI (CAPPELLA SISTINA)
Via del Mascherino
BASILICA DI SAN PIETRO
Piazza San Pietro
Piazza Pio XII
Via della Conciliazione
Borgo Santo Spirito
Ponte Sant'Angelo
Ponte Vittorio Emanuele II
Piazza Ponte Umberto
Circonvallazione Cornelia
Via Anastasio
Via Baldo degli Ubaldi
Via Porta Cavalleggeri
Via Aurelia
Circonvallazione Aurelia
Via del Gianicolo
Ponte Principe Amedeo
Corso Vittorio Emanuele II
Via della Stazione di San Pietro
Via delle Fornaci
Via Giulia
CHIESA NUOVA
Piazza della Chiesa Nuova
Corso Vittorio
Villa Carpegna
Piazza Villa Carpegna
Via Gregorio VII
PALAZZO DELLA CANCELLERIA
Campo de' Fiori
Ponte Mazzini
PALAZZO FARNESE
Piazza Pio XI
Tevere
VILLA FARNESINA
GIANICOLO
Parco Gianicolo
Piazzale Giuseppe Garibaldi
Ponte Sisto
Piazza Trilussa
Via Garibaldi
SANTA MARIA IN TRASTEVERE
PORTA SAN PANCRAZIO
SAN PIETRO IN MONTORIO
Villa Abamelek
Piazza San Calisto
Via di San Francesco a Ripa
Piazza di San Cosimato
Viale Glorioso
Viale di Trastevere
Piazza Francesco Cucchi
Villa Sciarra
Piazza Bernardino da Feltre
Via Giacinto Carini
Via Portuense
Piazza Fonteiana
Largo A. Oriani
Via I. Nievo
Ponte Testaccio
N
0
.25
.5 mi
.5
1 km
Toscana
Orvieto
Umbria
Marche
Gradoli
Lago di Bolsena
Bolsena
Amatrice
Terni
Pescara
Montefiascone
Monti Reatini
Rieti
Tuscania
Viterbo
L'Aquila
Lago di Vico
SABINA
Tevere
Monti Sabini
Tarquinia
Lago di Bracciano
Bracciano
Abruzzo
Civitavecchia
Cerveteri
Lazio
Tivoli
ROMA
Olevano Romano
Frascati
Fiuggi
Fiumicino
Ostia Antica
Marino
Lago Albano
Castel Gandolfo
Nemi
CASTELLI ROMANI
Lido di Ostia
Ariccia
Lago di Nemi
Frosinone
Molise
Mare Tirreno
Cassino
Latina
Anzio
AGRO PONTINO
Campania
Formia
Terracina
Gaeta

Parks und Villen
ESQUILINO
Hügel
TRASTEVERE
Kulinarische Zentren
SAN LORENZO
Weitere Stadtteile
BASILICA DI SAN PIETRO
Sehenswürdigkeiten
H
I
J
K
L
M
N
1
2
3
4
5
6
7
ROMA
SANTA MARIA DEL POPOLO
PINCIO
Villa Borghese
Galoppatoio
Viale del Muro Torto
VILLA MEDICI
Piazzale Brasile
Via del Babuino
Via del Corso
Via Ludovisi
Via Piemonte
Corso d'Italia
Piazza Alessandria
Via Nomentana
Via Piave
Piazzale di Porta Pia
Piazza Sallustio
Piazza della Croce Rossa
Piazza Galeno
Viale Regina Margherita
Piazza G. Fabrizio
Piazza Sassari
Viale del Castro Pretorio
Viale del Policlinico
BIBLIOTECA NAZIONALE
POLICLINICO UMBERTO I
MAUSOLEO DI AUGUSTO
Piazza Augusto Imperatore
Piazza di Spagna
TRINITÀ DEI MONTI
Via Due Macelli
Via Vittorio Veneto
Largo di Santa Susanna
Via XX Settembre
Via Palestro
Via Cernaia
Piazza Barberini
PALAZZO BARBERINI
Piazza di San Bernardo
MUSEO NAZIONALE ROMANO
Piazza Indipendenza
Piazza della Repubblica
SANTA MARIA DEGLI ANGELI
Piazza dei Cinquecento
STAZIONE TERMINI
Viale dell'Università
Viale Regina Elena
Piazza Valerio Massimo
CITTÀ UNIVERSITARIA
Viale delle Scienze
Piazzale di San Lorenzo
Piazza Borghese
Piazza Campo Marzio
Piazza del Parlamento
PALAZZO CHIGI
Via del Tritone
FONTANA DI TREVI
PALAZZO DI MONTECITORIO
Piazza Colonna
QUIRINALE
PALAZZO DEL QUIRINALE
Via delle Quattro Fontane
Viale Pretoriano
Via Marsala
BORSA
PANTHEON
Via del Corso
Piazza del Quirinale
Via Nazionale
Via Milano
VIMINALE
Villa Mercede
Via Tiburtina
SANTA MARIA SOPRA MINERVA
GALLERIA DORIA PAMPHILJ
Piazza Santi Apostoli
SANTA MARIA MAGGIORE
Piazzale Manfredo Fanti
Via Filippo Turati
Piazzale Sisto V
SAN LORENZO
Circonvallazione Tiburtina
Largo Torre Argentina
PALAZZO VENEZIA
Largo Magnanapoli
Via dei Serpenti
Piazza Venezia
MERCATI DI TRAIANO
IL VITTORIANO
MONTI
Via dello Statuto
Piazza Vittorio Emanuele II
Via Merulana
MUSEI CAPITOLINI
Foro di Traiano
Foro di Augusto
Via Cavour
Via Principe Eugenio
Via del Portico d'Ottavia
Piazza del Campidoglio
Foro di Cesare
Via dei Fori Imperiali
SAN PIETRO IN VINCOLI
Parco di Traiano
ESQUILINO
Via Conte Verde
Via di Porta Maggiore
GHETTO
SINAGOGA
CAMPIDOGLIO
TEATRO DI MARCELLO
Foro Romano
DOMUS AUREA
OPPIO
Piazza di Porta Maggiore
Isola Tiberina
Ponte Fabricio
Via Prenestina
COLOSSEO
Via Labicana
Viale Manzoni
Via Statilia
Via Casilina
Via del Pigneto
Piazza Bocca della Verità
Ponte Palatino
SAN BONAVENTURA
ARCO DI COSTANTINO
Villa Wolkonski
Piazza di Santa Croce in Gerusalemme
TEVERE
PALATINO
Via dei Cerchi
Via di San Gregorio
Via Claudia
SANTI GIOVANNI E PAOLO
Piazza Celimontana
Via Merulana
Viale Carlo Felice
Viale Castrense
Piazza Lodi
Parco di Sant'Alessio
Circo Massimo
Via del Circo Massimo
Piazza San Giovanni in Laterano
Piazza di Porta San Giovanni
AVENTINO
SANTA SABINA
Piazza di Porta Capena
CELIO
SAN GIOVANNI IN LATERANO
Piazzale Appio
Via Taranto
Via Orvieto
Via Foligno
Piazza di Villa Fiorelli
Villa Celimontana
Via dell'Amba Aradam
Via Sannio
Via Appia Nuovo
Via Sant'Alessio
Piazza Santa Prisca
Viale Aventino
FAO
Viale delle Terme di Caracalla
Piazza di Porta Metronia
Piazzale Metronio
Piazza Lugo
Via Marmorata
Via Gallia
Via Cerveteri
Piazza dei Re di Roma
Piazza Asti
Piazza Ragusa
Viale Manlio Gelsomini
SAN SABA
Piazza Remuria
TERME DI CARACALLA
Piazzale Numa Pompilio
Via Licia
Piazza Tuscolo
Via Etruria
Via Appia Nuovo
Parco della Resistenza dell'8 Sett.
Largo Enzo Fioritto
Piazza Epiro
Parco degli Scipioni
Piazza di Porta San Paolo
PIRAMIDE DI CAIO CESTIO
Piazzale Ostiense
Piazza Zama

Typisch ROM

Ob *lungo, ristretto, tiepido* oder *bollente,* ob *macchiato, zuccherato* oder *amaro,* der Kaffee in Rom gehört zum besten der Welt. Doch worin liegt sein Geheimnis? Es ist nicht die Luft, das Wasser, die Kaffeemaschine oder die Röstung, sondern der Mensch - die magische Hand eines erfahrenen *barista.*

KAFFEE

Die Kaffeekultur ist fester Bestandteil des täglichen Lebens in Rom. Es wäre vermutlich nicht übertrieben zu behaupten, dass jede Beziehung in der Stadt mit der Verabredung auf einen Kaffee beginnt. Viele Berufstätige zieht es mehrmals täglich in die Bar, und jeder ist gut beraten, sich eine Art Stammbar zuzulegen, in der man einen Brief oder einen Schlüssel hinterlegen kann und den neuesten Klatsch erfährt.

Bei der Wahl des Kaffees sind die Römer eher treue Anhänger einer Sorte als ausgewiesene Experten (aber auch die gibt es). Die Bar um die Ecke mag exzellent sein, doch viele fahren lieber mit dem Bus quer durch die Stadt, um bei ihrem Lieblingsröster (immer auch eine Bar) eine spezielle Mischung zu kaufen, auf die sie nichts kommen lassen. Der Duft der frisch gemahlenen Bohnen, der auf der Rückfahrt aus der Tüte strömt, lässt keinen Zweifel am Zweck der Reise. Wie wichtig eine gute Tasse Kaffee auch zu Hause ist, verrät die orgelpfeifengleiche Armee von Kaffeebereitern. Zwei Tassen werden niemals in einer Vier-Tassen-Kanne bereitet. Und auch Single-Kannen sind keine Seltenheit.

Bestellen Sie in Rom niemals einen *latte,* es sei denn, Sie wollen ein Glas Milch. Milchkaffee, der zu Hause in einer extragroßen Tasse und in der Bar im Glas serviert wird, nennt man *caffelatte.* Kommt der Kaffee in einer Tasse mit einer Krone aus aufgeschäumter Milch, so ist es ein Cappuccino oder *cappuccio,* wie die Römer sagen. Beides sind ausgesprochene Morgenkaffees, obwohl ein Cappuccino auch zu anderen Tageszeiten zulässig ist. Nur Touristen bestellen allerdings einen Cappuccino nach dem Essen. Die Italiener glauben, dass zu viel Milch nach dem Essen schlecht für die Verdauung sei. Wer in seinem Espresso partout nicht auf einen Schuss heiße Milch verzichten kann, ordert einen *caffè macchiato* (wörtlich »befleckt«). Soll die Milch kalt sein, bestellt man einen *caffè macchiato freddo.*

Zur Bestellung gehören immer auch genaue Angaben zur Temperatur (*bollente* = kochend heiß oder *tiepido* = lauwarm), zum Trinkgefäß (*tazza* = Tasse oder *al vetro* = im Glas) sowie zur Schaumkrone (*poca schiuma* = wenig Schaum). Angaben zur Kaffeestärke sind ebenfalls üblich: *ristretto* ist ein konzentrierter Espresso; ein *caffè lungo* ist mit Extrawasser verlängert; ein *doppio* ist ein doppelter Espresso. Die wässrige »Plörre« eines *caffè americano* sollte man – wenn überhaupt – nur in großen internationalen Hotels bestellen.

Ein Espresso mit einem Schuss Brandy, Grappa oder Sambuca nennt man *caffè corretto,*

Der Tag beginnt in Rom mit einem schaumgekrönten *caffelatte.*

was so viel bedeutet wie »korrigiert«. Kaffee zum Abschluss eines Essens wird immer nach dem Dessert, nicht dazu getrunken. Ein Digestif nach dem (nicht zum) Kaffee nennt man *ammazzacaffè* – »Kaffeekiller«.

Eine Bar fungiert in Rom in erster Linie als Kaffeebar. Nicht jeder aber ist koffeinsüchtig oder mag Kaffee. Dann bietet sich ein *caffè d'orzo* an, ein Malzkaffee aus Gerste. Häufiger wird jedoch ein *decaffeinato* (sechs Silben!) oder der in Italien sehr populäre Hag (»Ahg« ausgesprochen) bestellt. Bars bieten natürlich auch eine breite Palette an Aperitifs und Digestifs neben anderen Schnäpsen, die allerdings wenig gefragt sind. Auch heiße Schokolade (vorwiegend ein Morgengetränk) und eine Reihe von Beuteltees sind im Sortiment des *barista*.

Komplettiert wird das Angebot durch eine Auswahl anderer alkoholischer und nichtalkoholischer Getränke sowie durch recht unterschiedliche Kleinigkeiten zu essen, von pappigem Gebäck bis zu den exquisitesten Sandwiches. In manchen Bars bekommt man sogar eine warme Mahlzeit im Stile einer Cafeteria – ein schlichtes, preiswertes Essen, ideal, wenn man unterwegs ist.

Besucher sollten unbedingt einmal am frühen Morgen, wenn ganz Rom zur Arbeit strebt, auf einen Cappuccino und ein *cornetto* (das italienische Croissant) in eine Bar gehen. Beides schmeckt besser und ist viel billiger als das Frühstück im Hotel. Außerdem erreicht der Barbetrieb am Vormittag seinen Höhepunkt, da ist eine zeitige Stärkung ratsam, besonders wenn ein anstrengender Besichtigungstag mit vielen Museen und Kirchen bevorsteht.

Für das echte Barerlebnis postieren Sie sich am besten Ellbogen an Ellbogen mit den anderen Gästen am Tresen. Die meisten Bars haben zwei Preislisten, eine für die Theke, die andere für den Tischservice. Lassen Sie sich aber von dem Aufpreis nicht abschrecken, wenn Sie die Ruhe und Bequemlichkeit am Tisch vorziehen. Ein Kaffee kostet schließlich nicht die Welt.

Kaffeekenner sollten nur Bars frequentieren, die ihre Bohnen selbst rösten (ein Hinweis darauf ist der Begriff *torrefazione,* grob übersetzt »Rösterei«). Falls nicht mit 100 Prozent Arabica angegeben, ist der Kaffee vermutlich eine *miscela,* ein Verschnitt aus Arabica und Robusta, zumal viele den Extraschub Koffein der Robustabohne schätzen. Beliebte und häufige italienische Kaffeemarken sind Lavazza aus Turin, Kimbo aus Neapel und Illy Caffè aus Triest.

Keine Einrichtung spiegelt den römischen Alltag besser als die rammelvolle Kaffeebar an der Ecke.

In keinem Romführer fehlen das winzige, immer rammelvolle Caffè Sant'Eustachio mit seinem extracremigen Espresso und das historische Tazza d'Oro. Beide liegen in der Nähe des Pantheon. Im Sant'Eustachio wird der Kaffee bereits gesüßt serviert. Kaffee ohne Zucker muss man ausdrücklich bestellen. Beide Bars bieten zudem ausgezeichnete Kaffee-Granitas mit einer Krone aus *panna montata* (Schlagsahne).

Andere Bars sind auch betriebsam, aber nicht halb so berühmt. Das Cafffè Camerino (mit drei f) am Largo Argentina ist gewissermaßen der Prototyp der klassischen Kaffeebar. Die treue Kundschaft aus der Umgebung kauft hier ihren Kaffee (frisch gemahlen oder ganze Bohnen), alle Arten von Süßigkeiten zum Mitnehmen, delikate Sandwiches und eine Fülle von Schokoladenostereiern oder was sonst gerade Saison hat. Guter Kaffee steht und fällt aber immer mit dem Können eines erfahrenen *barista.*

Unvergessen ist die Szene aus *Ein Amerikaner in Rom* (1954), in der Alberto Sordi auf einen gigantischen Teller Spaghetti starrt und knurrt: »Maccherone, m'hai provocato ... e io me te magno« (Pasta, ihr geht mir auf die Nerven ... und jetzt werde ich euch verschlingen). Und dann stürzt sich der Held auf sie.

PASTA

Alberto Sordi war der Inbegriff des Römers und ein Symbol der Stadt. Wie kein anderer verkörperte er den Allerweltsmann der Nachkriegsjahre. In der berühmten, oben zitierten Szene lachen die Römer mit ihm, nicht über ihn. Ob zu Hause oder im Restaurant, heute wie damals isst man Pasta. Ein Essen ohne Pasta ist einfach kein Essen, und damit basta.

Ein ganzes Arsenal von Zutaten ist ihr zu Diensten. Zucchini, Artischocken und Brokkoli beginnen, mit Knoblauch und Chili sautiert, als Pastasauce ein neues Leben. Ochsenschwanz mit Tomaten und Sellerie (*coda alla vaccinara;* Seite 143) schmeckt am nächsten Tag über *tonnarelli* (eine Spaghettiart mit quadratischem Querschnitt) fast noch besser, und Ricotta verbindet sich mit Spinat zu einem perfekten Innenleben für Ravioli. Auch Bohnen oder Kichererbsen werden mit Pasta gemischt, etwa für *pasta e ceci* (Kichererbsensuppe mit Pasta; Seite 93).

Pasta gibt es in allen möglichen Ausführungen, Formen und Größen. Frisch oder getrocknet, mit oder ohne Ei; der Teig kann von Hand oder mit der Maschine ausgerollt und geschnitten worden sein; das Mehl kann *grano tenero* (Weichweizen), *grano duro* oder *semola* (Hartweizen) sein, aber auch *grano saraceno* (Buchweizen), *farro* (Dinkel), *riso* (Reis) oder *mais* (Mais). Die Formen reichen von kurz und dick bis lang und dünn, und jede Form verlangt nach einer anderen Sauce.

Für selbst gemachte Fettuccine ist eine handbetriebene Nudelmaschine sehr hilfreich. Einige traditionelle Pastatypen werden jedoch noch ganz von Hand gefertigt. Dazu gehören vor allem ausgefallene Formen wie *strozzapreti* (»Pfaffenwürger«) und *stracci* (»Fetzen«).

In den meisten Vierteln Roms gibt es eine Adresse für frische Fettuccine, *tonnarelli,* Tortellini, Ravioli und Gnocchi (vor allem donnerstags). Viele dieser Geschäfte führen auch eine kleine Auswahl abgepackter getrockneter Pasta und Saucenzutaten für die schnelle Küche zu Hause. Originelle Kreationen locken Kunden aus der ganzen Stadt. Das Grand Gourmet in Flaminio nördlich der Innenstadt ist bekannt für seine riesigen *tortelli,* die mit Käse und Birnen oder mit Speck und Radicchio gefüllt sein können. Cellini in dem modernen EUR-Viertel verkauft Spezialitäten aus anderen Regionen, darunter *vincisgrassi,* eine Art Lasagne, typisch für die Marken, und *stringozzi,* lange dicke Nudeln aus Umbrien. Franciosi in Appio gleich hinter der Stadtmauer ist bekannt für seine mit *ortiche* (Brennnesseln) aromatisierten Gnocchi.

In Rom ist ein Essen ohne Pasta wie ein Tag ohne Sonnenschein.

Die Welt der Pasta lässt sich nicht klar in maschinell gefertigt und handgemacht unterteilen. Viele Hersteller bedienen sich kombinierter Verfahren. Große Maschinen erledigen meist das Kneten, Pressen und Ausrollen des Teiges, während das Formen, Füllen und Fertigstellen von Hand geschieht.

Die Qual der Wahl

Die Wahl guter Trockenpasta beginnt mit dem Blick auf das Etikett. Italienische Topware wird ausschließlich aus *semolina* (Hartweizengrieß) und Wasser hergestellt und durch Lochscheiben aus Bronze *(trafile di bronzo)* gepresst. Der so angeraute Teig nimmt die Sauce besser auf. Hellgelbe Pasta wurde vermutlich durch Kunststoff- oder Teflonsiebe gepresst. Traditionsbetriebe wie Latini und Benedetto Cavalieri erzielen durch sehr langsames Trocknen eine noch bessere Qualität.

Wer hat die Pasta erfunden?

Seit mehr als neuntausend Jahren kultiviert der Mensch Getreide. So war es nur eine Frage der Zeit, bis jemand auf die Idee kam, es zu mahlen, mit Wasser zu vermengen, zu formen und zu trocknen.

Al-Idrisi, arabischer Hofgeograf Roger II. von Sizilien, berichtete 1138, dass die Bewohner Trabias nahe Palermo Teigstränge trockneten und exportierten. Sie nannten sie *itriya,* das arabische Wort für »Schnur«. Schriften aus Genua von 1244 und vom Hofe Anjou in Neapel von 1295 belegen ähnliche Aktivitäten. Mitte des 14. Jahrhunderts entstand die Bologneser Tradition frischer Pasta. Das moderne Zeitalter der getrockneten Industrie-Pasta und der Brauch, sie *al dente* zu kochen und mit Tomatensauce zu servieren, begann im Neapel der 1830er-Jahre. Das Experimentieren mit verschiedenen Formen setzte früh ein. Dutzende antiker Pastamaschinen und Proben sind in dem Museo Nazionale delle Paste Alimentari nahe dem Palazzo del Quirinale zu sehen.

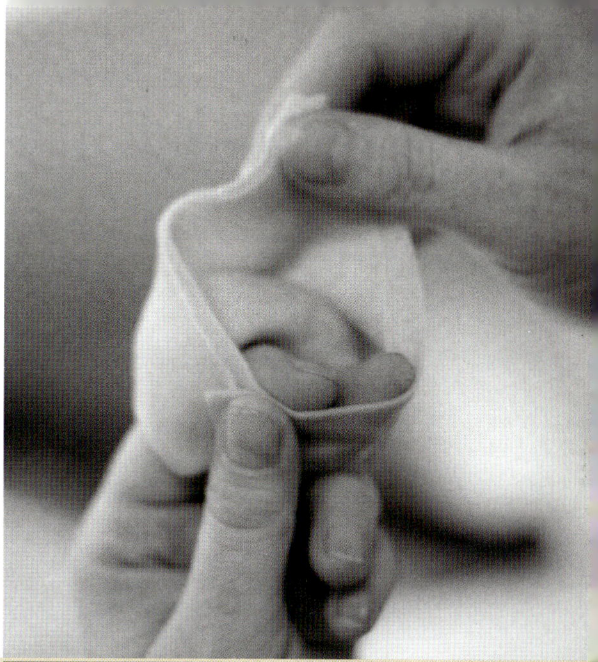

Tortelloni herstellen

DER TEIG Weich- und Hartweizenmehl werden zu gleichen Teilen mit etwas Salz und Eiern in einer Maschine vermengt und anschließend etwa 10 Minuten geknetet. Dann wird so viel Wasser zugefügt, dass man aus dem elastischen Teig walnussgroße Kugeln formen kann.

AUSROLLEN Der Teig wird maschinell ausgewalzt und auf Rollen gewickelt. Von den Rollen schneidet man Bänder ab, die ein weiteres Mal gewalzt werden, bis sie etwa dreimal so lang und papierdünn sind. Aus Speck, Mascarpone und Parmigiano-Reggiano wird die Füllung zubereitet.

FÜLLEN UND FORMEN Ein Teigband wird mit Eigelb bestrichen, Quadrate werden markiert. Auf jedes Quadrat setzt man einen Klecks Füllung; die Quadrate werden auseinander geschnitten, zu Dreiecken übereinander geschlagen und durch Andrücken der Teigkanten versiegelt. Zuletzt führt man die beiden spitzen Enden des Dreiecks zusammen und klappt das obere Ende wie den Schirm einer weichen Mütze nach außen.

TORTELLONI

BUCATINI

CAPPELLETTI

MALTAGLIATI

TORTELLONI

Römische Ravioli sind gewöhnlich quadratisch und mit einer Spinat-Ricotta-Mischung gefüllt. Die halbmondförmigen *agnolotti* verbergen dagegen eine Fleischfüllung. Sehr große gefüllte Pasta nennt man *tortelli* oder *tortelloni*. Eine leichte Ricottafüllung ist ideal für die extrazarten *tortelloni*. Sie eignen sich aber auch für kreative Einlagen wie Birne und Käse oder Radicchio und Speck. *Tortelloni* schmecken wie Ravioli am besten schlicht mit Tomatensauce oder zerlassener Butter, Salbei und frisch geriebenem Parmesan.

BUCATINI

Bucatini sind dicke Spaghetti mit einem kleinen Loch in der Mitte. Wozu aber dieses Loch? Dicke Pastaformen neigen dazu, außen zu verkochen, während der Kern noch fest ist. Durch das Loch kann das Wasser eindringen, sodass sie gleichmäßig garen. In Rom serviert man *bucatini* fast immer *all'amatriciana* oder *alla gricia*. Es ist nicht ganz einfach, sie kleckerfrei zu essen: Wie Spaghetti auf die Gabel gerollt, schnellen die störrischen Biester gern zurück und bombardieren den feinen Zwirn mit Tomatensauce.

CAPPELLETTI

Weihnachten wäre nicht Weihnachten ohne eine würzige Hühnerbrühe, in der viele kleine, mit Fleisch gefüllte *cappelletti* treiben. Der Name bedeutet »Hütchen«, in Anspielung auf einen besonderen Schlapphut, den man im Mittelalter trug. Ihre Form erinnert an die Tortellini ihrer Heimat, der Emilia-Romagna. *Cappelletti*-Teig ist jedoch etwas gröber, und auch die Zusammensetzung der Fleischfüllung variiert. Früher aß man *cappelletti* mit gehaltvollen Sahnesaucen, heute findet man sie meist nur noch als Einlage in einer Brühe.

MALTAGLIATI

Die akkurat gestanzten Rhomboiden der industriell hergestellten *maltagliati* strafen ihren Namen »schlecht geschnitten« Lügen. Es gibt zweierlei *maltagliati*: schräg, aber gleichmäßig geschnittene – von Hand oder industriell gefertigt – und die eigentlichen Fetzen und Abschnitte, die bei der Herstellung von Ravioli, Fettuccine und Lasagne anfallen. Beide eignen sich für die typischen Saucen und Zubereitungen kleiner Pastaformen. In Rom kombiniert man sie gern mit Hülsenfrüchten in deftigen Suppen wie *pasta e ceci* (Seite 93).

ORECCHIETTE

PENNE

RIGATONI

SPAGHETTI

ORECCHIETTE

Die aus Süditalien stammenden »Öhrchen« sind in Rom sehr beliebt. *Orecchiette* werden aus reinem Hartweizenmehl oder aus halb Hart- und halb Weichweizen sowie Wasser hergestellt. Der Teig wird weder gepresst noch gewalzt oder geschnitten. Stattdessen rollt man ihn mit den Händen zu runden Stangen und schneidet diese in kleine Scheiben. Dann drückt man jedes Scheibchen mit dem Daumen so auf die Arbeitsfläche, dass eine Mulde entsteht. Ihre notorischen Begleiter sind *broccoletti* (Seite 45).

PENNE

Penna bedeutet »Kielfeder« – unschwer zu erraten, woher diese an den Enden schrägen Röhrennudeln ihren Namen haben. Es gibt sie glatt *(liscie)* und geriffelt *(rigate)*. Die vielseitige Pasta aus dem Norden Kampaniens ist längst Roms populärste Allzwecknudel. Kombiniert werden Penne gern mit Saucen auf Gemüsebasis wie zum Beispiel *broccolo romanesco* (Seite 44), Spargel oder Artischocken. Pflicht sind sie bei *penne all' arrabbiata,* eine genauso einfache wie köstliche römische Spezialität aus Tomaten, Knoblauch, Chili und Petersilie.

RIGATONI

Typisch für diesen Hauptdarsteller in der Welt der kurzen Pasta ist das große Loch, das mehr als 12 mm messen kann. Die relativ dickwandigen Nudeln brauchen zum Garen etwa doppelt so lange wie Spaghetti. Ihren Namen haben Rigatoni von der gerillten Oberfläche – *riga* bedeutet »gerade Linie«. Sie passen wunderbar zu flüssigen Saucen mit einer festen Einlage. Typisch für Rom ist Tomatensauce mit *la pagliata,* Kalbsdarm. *Mezzemaniche* und *bombolotti* sind ähnliche, aber kürzere Nudeln und bei den Römern ebenfalls sehr beliebt.

SPAGHETTI

Verschnürt man ein Paket, so verwendet man *spago* (»Schnur«), und tatsächlich sind Spaghetti nichts weiter als Schnüre aus Hartweizenmehl und Wasser. Spaghetti messen 1,7 bis 2 mm im Durchmesser. Ein geringerer Durchmesser degradiert die Königin der Nudeln zu *spaghettini.* Spaghetti schmecken am besten mit öligen oder relativ dünnflüssigen Saucen, die die langen Fäden gut überziehen, zum Beispiel *alle vongole* (mit Venusmuscheln) oder *pomodore e basilico* (mit Tomaten und Basilikum).

Wilder Borretsch, leuchtend grüner Mangold, knackige Blattsalate, pinkstieliger Spinat, taufrischer *puntarelle* sowie eine Fülle verschiedener Brokkoli- und Zichorienarten – Roms Gemüsemärkte zählen zu den schönsten Attraktionen einer ohnehin mit Sehenswürdigkeiten reich gesegneten Stadt.

GRÜNES GEMÜSE

Ob Brokkoli, *broccoletti,* Spinat oder Mangold, Blumenkohl oder Rosenkohl, für die Römer ist Gemüse auf dem Teller alles andere als eine lästige Pflicht. Sie essen es gern und das mit gutem Grund. In Rom schmeckt Gemüse einfach gut. Es ist süßlich mild und dennoch aromatisch, egal, ob es sich um regionale Erzeugnisse oder um Ware aus wärmeren Regionen wie Sizilien, Apulien oder Kampanien handelt.

Den Vorzug genießt aber immer noch das *romanesco,* Gemüse aus dem römischen Umland. Noch bis in die 1980er-Jahre war der abrupte Übergang von der pulsierenden Metropole in das ländliche Umland Roms frappierend. Die rapide schwindende Landschaft am Stadtrand, die sich vor allem südöstlich bis in die Albaner Berge erstreckt, ist die *campagna romana,* unsterblich geworden durch zahllose Grand-Tour-Gemälde mit ihrem bukolischen Idyll von Bauern mit bunten Kleidern, Schürzen, breitkrempigen Hüten und Körben in der Hand. Ihre Nachfahren, wenngleich sie immer weniger werden, sammeln noch heute wilde Salatzichorien, Kresse, Borretsch und andere Kräuter, um sie auf den Märkten der nahen Hauptstadt zu verkaufen. Die ausufernde Metropole fordert allerdings ihren Tribut.

Das milde Klima mit nur wenigen kühlen Wochen und seltenen Frosttagen beschert auch im Winter erstklassiges angebautes und wild wachsendes Blattgemüse. Das im Handel als *misticanza* oder *insalata di campo* (wörtlich »Feldsalat«) verkaufte wilde Salatgemüse wird von scharfäugigen Kennern gesammelt. Während Globalisierung und Gewächshäuser Erdbeeren und Tomaten zu einer ganzjährigen Saison verholfen haben, markiert das Angebot der römischen Märkte den Lauf der Jahreszeiten besser als jeder Kalender. Wenn die großen, kugelförmigen Artischocken aus Cerveteri nördlich von Rom im März langsam die sardische Ware verdrängen, ist es Zeit für *carciofi alla giudia* (Seite 52). Ein paar Wochen später liefern Dicke Bohnen und Erbsen den Startschuss für *la vignarola* (Seite 94). Grüner Spargel ist heute ganzjährig erhältlich, Hochsaison ist jedoch im Frühling. Die hübschen *zucchine romanesche* erscheinen zum Winterende auf dem Markt; doch wer klug ist, wartet bis zur warmen Jahreszeit, wenn Zucchini, Auberginen und Paprikaschoten in der Küche das Sagen haben. Im Sommer strotzen Roms Märkte von Tomaten, die zu Saucen verarbeitet oder roh in Salaten gegessen werden.

Roms Gemüsereichtum garantiert ganzjährigen Genuss.

BROCCOLO ROMANESCO

CICORIA SELVATICA

MISTICANZA ROMANA

LATTUGA ROMANA

BROCCOLO ROMANESCO

Die eigenartig spitz zulaufenden Röschen dieser Blumenkohlzüchtung erinnern an Minaretttürmchen, daher der deutsche Name »Minarettkohl«. Geschmacklich erinnert das Wintergemüse eher an Brokkoli. Die gekochten oder gedämpften Röschen schmecken wunderbar mit einem Schuss Olivenöl und Zitronensaft oder aber frittiert bei einem *fritto misto*. Wie *cicoria* oder *broccoletti* zubereitet, passen sie auch sehr gut zu Pasta. Typisch in der römischen Küche ist Romanesco in der *minestra di arzilla con pasta e broccolo* – Rochenbrühe mit *broccolo* und Spaghetti.

CICORIA SELVATICA

Die wilde rotstielige Blattzichorie wächst in den kälteren Monaten in buschigen Köpfen mit stark gezahnten, fast krausen Blättern. Ihr Aroma reicht von angenehm herb bis gallebitter. Die Blätter werden wie Spinat zunächst abgezupft, gewaschen und anschließend in reichlich Salzwasser ziemlich weich gekocht. Römer mit unerschrockenem Gaumen essen das gekochte Gemüse kalt mit Olivenöl und Zitronensaft; die meisten bevorzugen es jedoch in Öl mit etwas Knoblauch und Chili geschwenkt.

MISTICANZA ROMANA

Der Begriff *misticanza* bezeichnet gewöhnlich Salatmischungen, von milden Kombinationen, ähnlich dem provenzalischen *mesclun,* über den üblichen banalen Mix bis zu allerlei krautigem Gestrüpp, das man erst kochen muss, damit es genießbar wird. Für Kenner aber ist *la misticanza romana* eine winterliche Mischung wilder Salate und Kräuter von bemerkenswertem Charakter. Die Sorten können variieren. Zu ihnen gehören Blattzichorien, Pimpinelle, Waldsauerklee, Borretsch und Endivie. Gewürzt wird *misticanza* nur mit Essig und Olivenöl.

LATTUGA ROMANA

Römischer Salat wird dank seiner knackigen Struktur und seiner Vielseitigkeit auch hierzulande immer beliebter. In Rom nennt man ihn schlicht *lattuga* (Salat). Als Oberbegriff für Blattsalate ist auf römischen Gemüsemärkten *insalata* geläufiger als die Bezeichnung *lattuga,* die allein dem Romana vorbehalten ist. Er wird wie jeder andere grüne Salat verarbeitet, kann aber auch für *la vignarola* (Seite 94) gegart oder aber für sich geschmort und als Beilage serviert werden.

BROCCOLETTI

Diese Kohlsorte ist nicht identisch mit dem Stängelkohl – italienisch *cime di rapa* oder *broccoletti di rapa*. Doch der Unterschied ist so gering, dass er nicht ins Gewicht fällt. Der hauptsächlich in der kühleren Jahreszeit erhältliche Kohl erinnert an Brokkoli, dessen Röschen geschrumpft und dessen Blätter überdimensional gewachsen sind. Gemüsehändler kappen sorgfältig die holzigen Enden und schälen und spalten dann die restlichen Stiele. *Broccolletti* schmecken wunderbar zu Pasta oder gekocht als Beilage, mit Olivenöl und Zitronensaft vermischt.

RUGHETTA SELVATICA

Im restlichen Italien sagt man *ruchetta,* in Rom *rughetta selvatica* – »wilder Rucola«. Ein exaktes Abbild dieser Pflanze gibt es außerhalb Italiens vielleicht gar nicht. Wie der hiesige Rucola hat die ganzjährig erhältliche *rughetta* ein bitteres, leicht pfeffriges Aroma. Trotz ihres Namens stammt sie größtenteils aus dem Anbau. Scharfe Augen finden die *rughetta* aber sogar in der Stadt. Sie schmeckt mit Kirschtomaten oder anderen Blattsalaten, aber auch pur oder mit klein geschnittenen Frühlingszwiebeln und geriebenem Parmesan.

SPINACI

Wer glaubt, er möge keinen Spinat, sollte ihn einmal in Italien probieren. Das überwiegend im Winter angebotene Gemüse kommt ganz jung mit hübschen pinkfarbenen Stielenden und zarten, fast smaragdgrünen Blättern auf den Markt. Die Blätter werden meist im Ganzen gedämpft und in Butter geschwenkt oder mit Olivenöl und Zitrone gegessen. Auch mit Rosinen und Pinienkernen sautiert ist Spinat sehr beliebt. Ricotta mit Spinat ist eine klassische Raviolifüllung. Die besonders zarten Blätter werden oft separat als Salat angeboten.

PUNTARELLE

Das erfrischende, leicht bittere Aroma dieses typisch römischen Salats ist im Winter allein schon einen Rombesuch wert. Mit dem ersten lauen Lüftchen werden die Stiele dieser Zichorienart allerdings holzig und daher bis zum Herbst nicht mehr gesehen. In Rom serviert man *puntarelle* immer mit einem Dressing aus Sardellen und Knoblauch (Seite 160). Die Vorbereitung beginnt mit dem besonderen Zuschnitt: die Außenblätter und harten Stielenden entfernen, die Stiele sorgfältig schälen und der Länge nach in Streifen schneiden.

Eine knusprige Focaccia mit *prosciutto,* ein zwei Meter langes, flaches Brot, ein Teigrechteck, bestreut mit Kartoffelscheiben, ein Kanapee, ein Kirschkuchen und ein runder, krustiger Fladen mit Tomaten und Mozzarella – in Rom heißen sie alle Pizza.

PIZZA

In dem relativ starren gastronomischen Alltag Italiens ist Pizza die erste Wahl für eine leichte Mahlzeit im Sitzen, vorzugsweise in einer Pizzeria. Man spült sie mit einem Bier, Mineralwasser oder einem leichten Weißwein hinunter und lässt zum Auftakt vielleicht eine *bruschetta* (Seite 69), *supplì* (Seite 73), gebackenen Klippfisch oder andere frittierte Snacks vorangehen. Gibt es noch weitere Gerichte, wird die Pizza oft zum *primo piatto* anstelle von Pasta oder Suppe.

Sonntagabends füllen vor allem Familien die Pizzerias von Rom, in der Woche sind es eher junge Leute oder Gruppen, die einen zwanglosen Abend verbringen wollen.

Die beste Pizza kommt aus dem Holzfeuerofen, der in der sonnenverwöhnten Stadt selten vor Einbruch der Dunkelheit angeheizt wird. Das macht das Pizzaessen am Abend leichter als zum Mittag. Die römische Pizza ist dünn, der Rand schmal und flach, der Teig angenehm knusprig und dennoch weich genug für Messer und Gabel, wie es sich gehört. Ähnlich wie bei Pasta ist der Teig mehr als nur Unterlage für den Belag. Die römische Focaccia – eine nackte Pizza, mit Olivenöl beträufelt und garniert mit einigen Tomatenwürfeln oder ein bis zwei Scheiben *prosciutto* – ist der beste Beweis dafür.

Der neapolitanische Hefefladen mit seinem breiten, hohen Rand hat es mittlerweile auch bis nach Rom geschafft, doch ist das wohl der einzige verbürgte Fremdeinfluss. Die Pizzabeläge umfassen neben den universellen Klassikern auch immer häufiger neue Kreationen. Beläge wie *mozzarella di bufala* und Pachino-Tomaten (preisgekrönte Kirschtomaten aus Sizilien), *fiori di zucca* (Zucchiniblüten) oder *rughetta* (Rucola) wirken zwischen den althergebrachten *pizza alla napoletana* (Sardellen, Tomaten und Mozzarella), *pizza ai funghi* (frische Champignons, Tomaten und Mozzarella) und *pizza Margherita* (Tomaten, Mozzarella und manchmal Basilikum) kaum noch wie Exoten.

Eine der besten Adressen Roms für dünne, knusprige Pizza ist Da Baffetto nahe der Piazza Navona. Ivo in Trastevere bietet neben den Formaten »groß« und »größer« auch eine Auswahl an Trattoria-Gerichten. Doch für das ultimative Pizzaerlebnis ist Ai Marmi einfach unschlagbar – lärmender Trubel in schmuckloser Einrichtung, im Sommer Tische und Stühle im Freien und herrlich dünne Pizzas. Das Lokal in Trastevere wird wegen seiner Marmortische im Volksmund auch *l'obitorio* (»Leichenschauhaus«) genannt.

Neapel hat die Pizza erfunden, doch Rom hat sie perfektioniert.

Kaum etwas erfüllt die Römer mit so viel Stolz wie die *pizza bianca*, wörtlich »weiße Pizza« – ein flaches Brot mit weicher weißer Krume und goldbrauner Kruste. Mit reifen Feigen und *prosciutto* gefüllt, wird sie zu *pizza e fichi,* eine Spezialität und bei Römern ein Synonym für »Besser geht es nicht«.

Beliebte Füllungen

Pizza bianca wird oft frisch aus dem Ofen und ohne alles gegessen, doch jede Snackbar bietet sie auch wie eine Pizzatasche gefüllt. Frische, vollreife Feigen und *prosciutto* sind besonders populär, doch die Feigensaison ist kurz. Mortadella oder *prosciutto* und Mozzarella sind Klassiker; jünger und sehr im Trend sind *bresaola* und *rughetta* (Rucola) mit oder ohne Parmesan. Thunfisch und eingelegte Artischockenherzen sind eine weitere bewährte und beliebte Kombination.

Adressen für Pizza bianca

Fast jede Bäckerei der Stadt backt *pizza bianca,* und jeder Eckladen füllt und verkauft sie mit einfachen Belägen. Wo immer es *pizza al taglio* (auf die Hand) gibt, bekommt man oft auch *pizza bianca* mit gegartem Gemüse und anderen Füllungen und Belägen. Zwei lohnende Adressen sind die Pizzeria Leonina in der Via Leonina unweit der Via Cavour und die Pizzeria Florida am Largo Argentina. Kenner bevorzugen spezialisierte Läden, wo *pizza bianca* à la minute geschnitten und gefüllt wird. Bei Frontini in der Viale Trastevere zuckt man auch bei den kühnsten Kombinationen nicht mit der Wimper. *Puntarelle* mit Salami? Aubergine mit geräuchertem Mozzarella? Kein Problem. Bei Roscioli in der Via dei Chiavari greift man zu Schlichterem wie *bresaola.* Der berühmte Antico Forno auf der Piazza Campo de' Fiori betreibt sogar einen Extraladen, in dem man Luxusversionen von *pizza bianca* mit Delikatessen wie Zucchiniblüten und Mozzarella bekommt.

Pizza bianca herstellen

DER TEIG Für jeden Ansatz werden Mehl, Wasser, Salz und Hefe in einem riesigen Anschlagkessel zunächst verrührt und anschließend zu einem glatten, elastischen Teig verknetet. Der Teig muss bis zu 6 Stunden gehen.

FORMEN UND KNETEN Der aufgegangene Teig wird in Portionen zu je etwa 2 Kilo unterteilt und von Hand zu 60 cm langen Laiben geformt, die mit Mehl bestaubt werden und erneut 15 Minuten ruhen müssen. Die Laibe werden nochmals geknetet und dann gezogen. Nach etwa 5 Minuten hat sich der Teig in eine dünne, etwa 2 Meter lange Platte verwandelt. Seine charakteristischen Beulen erhält er, indem der Bäcker die Oberfläche mit den Fingerspitzen bearbeitet, als würde er Klavier spielen.

BACKEN Die Teigplatten werden mit Olivenöl bepinselt, auf einer langen, schmalen *pala* (Backschaufel) in den Ofen geschoben und bei 260 °C in 10 Minuten goldgelb und knusprig gebacken. Zum Auskühlen legt man die *pizza bianca* in ein Backregal.

Frittierte Artischocken, mit Mozzarella gefüllte Zucchiniblüten, ausgebackener Klippfisch und Ricottadesserts gehören zur traditionellen Küche der jüdischen Gemeinde Roms. Doch längst sind diese Gerichte auch in der römischen Alltagsküche eine nicht mehr wegzudenkende Größe.

CUCINA EBRAICA

Seit mehr als zweitausend Jahren leben Juden in Rom. In der Blüte des Römischen Reichs erreichte ihre Zahl etwa vierzigtausend. Viele wurden im 1. Jahrhundert aus Judäa als Kriegsgefangene und Sklaven nach Rom verschleppt. Sie lebten überall in der Stadt, hauptsächlich aber in Trastevere. Im 13. Jahrhundert wurden die Juden in einem Viertel gegenüber der Tiber-Insel abgesondert, und im Jahre 1555 verbannte sie ein päpstliches Edikt in ein Ghetto, das nachts mit Toren verschlossen wurde. Sämtliche Synagogen bis auf eine wurden geschlossen, die Bürgerrechte der Juden beschnitten, gewerbliche Aktivitäten weitgehend untersagt. Die Tore verschwanden erst 1848.

La cucina ebraica oder »jüdische Küche« umfasst im römischen Kontext die Rezepte und Speisen der kleinen Gemeinde, die in jenem erbarmlichen Ghetto lebte. In den Grenzen, die ihre Speisegesetze und ihre mit vielen Römern geteilte Armut setzten, gilt vor allem die Erfindung der *cucina povera*, der Arme-Leute-Küche, als jüdisches Verdienst. Frittieren, noch heute eine große Schwäche der Römer, hauchte selbst Zutaten Geschmack ein, die Reiche verschmähten, etwa Zucchiniblüten. Traditionelle Gerichte, heute kaum noch zu finden, waren *indivia rehaminà* (Endiviensuppe), *scaloppina con lattuga* (Kalbsschnitzel mit Römischem Salat) und gefüllter Truthahnhals. Jüdische Klassiker wie Rotbarben mit Rosinen und Pinienkernen oder frische Sardellen, mit Chicorée gebacken, findet man indes auch heute noch ab und zu auf der Karte.

Das bei Immobilienhaien heute sehr gefragte jüdische Viertel beherbergt eine große Zahl von Lebensmittelläden und Restaurants, wenn auch nicht alle koscher oder jüdisch sind. Auch das nichtjüdische Rom geht ins Ghetto, um die unübertroffene koschere *pizza al taglio* (auf die Hand) und *panini* von Zi' Fenizia zu kaufen oder die hervorragende *torta di ricotta* (Seite 170) und die *tozzetti* (Seite 173) vom Forno del Ghetto, einer winzigen Bäckerei in der Via del Portico d'Ottavia.

Absolute Evergreens der *cucina ebraica* aber sind die *fritti*: frittierte Artischocken, Zucchiniblüten, Klippfischstückchen oder kleine Happen Mozzarella und Gemüse. Das elegante Piperno und das ehrwürdige Da Giggetto gleich rechts neben den Ruinen des antiken Portico d'Ottavia bieten ausgezeichnete jüdisch-römische Küche. In Trastevere auf dem anderen Tiberufer bereitet man im Ristorante Paris (ein Nachname!) ein unwiderstehliches *tritto misto* im jüdischen Stil.

Die winzige Bäckerei Forno del Ghetto ist berühmt für ihre *tozzetti*.

Das berühmteste Gericht aus dem römisch-jüdischen Repertoire ist *carciofo alla giudia,* eine frittierte Artischocke, flach gedrückt, bis sie einer in Bronze getauchten Blüte gleicht. Die Blätter sind knusprig, das Herz erstaunlich zart. Backteig oder Mehl? Fehlanzeige. Die Kunst liegt im richtigen Zuschnitt, bei dem nur Essbares zurückbleibt.

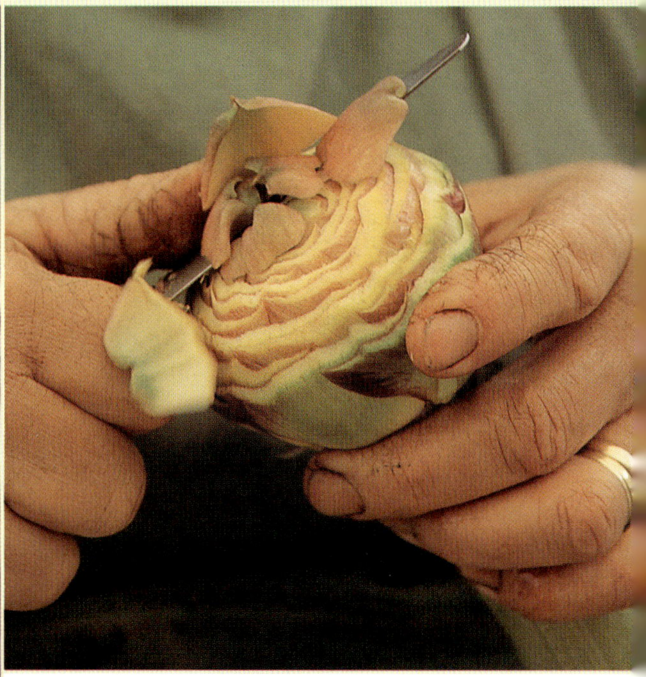

Artischockensorten

Carciofo alla giudia verspricht den größten Genuss im späten Winter und Frühling, wenn die Stunde der kugelförmigen Romanesco-Artischocke aus dem Latium schlägt. Noch schmackhafter wird es, wenn es sich um *cimaroli* handelt, die Blütenknospen an der Spitze *(cima)* des Haupttriebs der Pflanze. *Cimaroli* sind größer als seitliche Blüten, ihre Oberseite ist leicht abgeflacht. Im Winter bieten Roms Märkte auch köstliche kleinere Sorten aus wärmeren Regionen.

Fritti

Ganz Rom ist verrückt nach Frittiertem. Alle möglichen essbaren Brocken wandern in *pastella* (in Backteig), mit Semmelbröseln paniert oder nackt in das heiße Fettbad. In allen Kombinationen werden sie serviert, und kaum ein Restaurant hat sie nicht auf der Karte. Bars, *rosticcerie, friggitorie* und Pizzerias bieten *supplì* (Seite 73) und *arancini* (Reisbällchen). Zu einem typischen *fritti* gehören Artischocken, Zucchiniblüten im Backteig, mit Mozzarella und Sardellen gefüllt, Kartoffelkroketten mit Muskatnuss und knusprige Zucchinispieße. In der Pizzeria um die Ecke sollte man um die frittierten Snacks lieber einen Bogen machen. Ein gutes Restaurant oder ein Gourmet-Laden ist die bessere Wahl. Exzellent sind die *supplì* bei Volpetti Più in Testaccio, ebenso die *fritti* bei Checco er Carettiere in Trastevere. Und der beste gebackene Klippfisch *(baccalà)* wird im Filettaro Santa Barbara serviert, wo es fast nichts anderes gibt.

Carciofi alla giudia zubereiten

ZUSCHNEIDEN Römische Köche und Gemüsehändler haben ein imponierendes Geschick, eine rohe Artischocke zu einer sauberen Kugel mit zartem Stiel zu modellieren, an der alles essbar ist. Erst werden die Außenblätter abgezogen und der Stiel geschält. Dann dreht man die Artischocke kreisförmig gegen eine Messerklinge, um die Blattspitzen zu stutzen. Zuletzt werden die Innenblätter und das Heu in der Mitte herausgelöst.

FRITTIEREN Die Artischocken, die im Wasser liegen, bis alle zugeschnitten sind, werden trockengetupft, kräftig mit Salz und Pfeffer gewürzt, in heißem Olivenöl bei 170–180 °C etwa 20 Minuten frittiert und anschließend kopfüber abgetropft. Kurz vor dem Servieren werden sie noch einmal in frisches heißes Öl getaucht.

PRESSEN Nach dem zweiten Frittiergang wird jede Artischocke vorsichtig zwischen zwei perforierten Metalldeckeln gepresst. Dabei erhält sie ihre charakteristische blütenähnliche Form. Von dort wandert sie direkt auf den Teller – solo oder als Teil eines *fritto misto.*

Vorbei sind die Zeiten, als einem der regionale Karaffenwein sauer aufstieß und die meisten Flaschen einen Schraubverschluss hatten oder aus der Toskana kamen. Guter Wein ist in Rom keine Rarität mehr. Edle Vinotheken und Weinbars mit großer Auswahl haben die Fassweinpinten so gut wie verdrängt.

WEIN

Achtzig Prozent der im Latium erzeugten Weine sind Weißweine, fast alle aus den Rebsorten Trebbiano und Malvasia. Wie der berühmte Frascati sind sie seit jeher als preiswerte und unkomplizierte Tischweine bekannt, und noch bis in die 1990er-Jahre wurden sie selten für ihre Qualität gerühmt. Doch dank der Mühen einiger ambitionierter Winzer rinnt der regionale Wein mittlerweile selbst in Roms feinsten Restaurants durch die Kehlen. Auch die Roten, zumeist aus Sangiovese oder importierten Rebsorten gekeltert, haben es jüngst zu einigem Ansehen gebracht.

In-Lokale nennen sich gern weltläufig *Wine Bar* statt wie traditionell *fiaschetteria, bottiglieria* oder *osteria*. Früher gab es überall in Italien kleine Weinlokale, in denen Leute saßen, um zu reden und zu trinken. Der Wein wurde aus Fässern in Karaffen gezapft, und zum Essen gab es nur gerade so viel, dass die Gäste nicht vom Stuhl fielen. Diese einfachen Pinten haben sich zum Teil zu absoluten Spitzenhäusern herausgeputzt, in denen erstklassige Weine aus dem In- und Ausland zu erlesenen kleinen Snacks kredenzt werden.

Zu den Pionieren der Weinbars gehören das exzellente Cavour 313 in der Via Cavour nahe dem Forum Romanum und das Cul de Sac auf der Piazza Pasquino unweit der Piazza Navona. Das schicke 'Gusto an der Piazza Augusto Imperatore ist eine Kombination aus Pizzeria, Küchenladen, Restaurant und einer Weinbar, wie sie trendiger nicht sein könnte. Das Trimani in der Via Cernaia, ein Vorreiter der modernen Weinbar, ist ein Ableger des angrenzenden Weingeschäfts. Die Casa Bleve in der Nähe der Piazza Navona nahm ihren Betrieb eher zufällig auf, nachdem Anacleto Bleve in seinem alten Lokal im Ghetto einen Mittagstisch aufzuziehen begann.

Es gibt drei Qualitätsbezeichnungen für italienischen Wein. *Denominazione d'origine controllata* (DOC) entspricht etwa der französischen *appellation contrôlée*. Sie garantiert, dass der Wein aus einem klar definierten Anbaugebiet stammt und nach den dort gültigen Bestimmungen erzeugt wurde. Für die *denominazione d'origine controllata e garantita* (DOCG) sind die Standards und Kontrollen noch strenger. Erzeuger, denen die DOC-Bestimmungen in der Vergangenheit zu eng gefasst waren, mussten ihren Wein als *Vino da tavola* (Tafelwein) auf den Markt bringen. Seit 1992 gibt es daher mit der *indicazione geografica tipica* (IGT) eine regional gebundene Ursprungsbezeichnung mit weniger rigiden Richtlinien.

Ob rot oder weiß – die Weine des Latium bekommen endlich Applaus.

FRASCATI

Bis in die 1990er-Jahre galt der strohgelbe Frascati DOC, ein Verschnitt aus Malvasia und Trebbiano, als billiger Konsumwein. Seine Berühmtheit gründete allein auf der mengenmäßigen Dominanz in der Region und der malerischen Schönheit des Castelli Romani südöstlich von Rom, woher er stammt. Viele Erzeuger setzen immer noch auf Quantität, unterstützt durch moderne Techniken, die trockene und relativ gleichförmige Weine liefern. Doch einige Güter wie Castel de Paolis und Villa Simone bringen wunderbar blumige und fruchtige Frascatis hervor.

MARINO DOC

Zwei Namen dieses Frascati-Verwandten dominieren die Region Marino im Castelli Romani: Gotta d'Oro, ein Großerzeuger, der auf Massenware setzt, und Colle Picchioni, ein in den 1970ern gegründetes Familienunternehmen, das das Castelli bei Önologen salonfähig machte. Noch heute führt Paola di Mauro mit ihrem Sohn Armando den Betrieb. Der goldgelb leuchtende Colle Picchioni Selezione Oro, ein Verschnitt aus Malvasia del Lazio, Trebbiano Giallo, Sémillon und kleinen Mengen anderer Rebsorten, verrät Anklänge von Akazienblüten und Äpfeln.

EST! EST!! EST!!! DI MONTEFIASCONE

Dieser DOC-Wein aus der Provinz Viterbo wird aus Trebbiano, Malvasia und Rosetto erzeugt. Bekannt ist er für seinen originellen Namen, um den sich folgende Legende rankt: Im Jahre 1100 schickte ein deutscher Bischof auf dem Weg nach Rom seinen Diener voraus, um nach Gasthäusern mit gutem Wein zu suchen. Fand er eines, sollte er »est« (»es ist«) an die Tür schreiben. In Montefiascone trieb die Begeisterung den Diener zu einem dreifachen »est«. Falescos Poggio dei Gelsi und einige andere Erzeuger rechtfertigen heute wieder so viele Ausrufezeichen.

CERVETERI

Cerveteri ist ein hübscher Ort nördlich von Rom am tyrrhenischen Meer und eine Anbauregion, die auch als archäologische Stätte mit bedeutenden etruskischen Grabstätten bekannt ist. Seit Jahrhunderten wird dort Wein kultiviert, und selbst die Methode der Etrusker, baumgleiche Rebstöcke hochzuziehen *(vite maritata)*, wird noch heute in Teilen Mittelitaliens praktiziert. Den Löwenanteil der Region liefern die DOC-Weißweine, die zu 50 Prozent aus Trebbiano und zu 35 Prozent aus Malvasia sowie geringen Mengen anderer Traubensorten erzeugt werden.

GRECHETTO

Grechetto, eine der ältesten Reben Mittelitaliens, ist eher für Umbrien bekannt, dabei gedeiht sie auch hervorragend im Latium. Der als Grechetto di Civitella d'Agliano IGT klassifizierte, preisgekrönte Latour a Civitella von Sergio Mottura wird ausschließlich aus Grechettotrauben aus der Gegend um Civitella d'Agliano erzeugt. Der goldgelbe Wein wird in Holzfässern vergoren und in uralten Tuffsteinkellern zehn Monate im Eichenfass gereift. Häufiger ist Grechetto ein Verschnitt aus Trebbiano, Verdello, Malvasia und anderen regionalen Weinen.

ROSSO LAZIO

Rosso Lazio IGT bezeichnet einige der edelsten Weine der Region. Der Vigna del Vassallo, ein samtener Merlot aus der Kelter der Familie Di Mauro, räumte bei der bedeutenden *Gambero-Rosso*-Klassifizierung »Drei Gläser« ab, die Bestnote. Weitere beachtliche Lazio IGTs sind I Quattro Mori von Castel de Paolis aus Merlot, Shiraz, Cabernet Sauvignon und Petit Verdot sowie der aus Shiraz plus 15 Prozent Petit Verdot gekelterte Mater Matuta von Casale del Giglio. Der Montiano von Falesco ist ein reiner Merlot, eine im Latium immer beliebtere Traube.

CESANESE

Viele erstklassige Rote aus dem Latium werden aus französischen Traubensorten erzeugt; andere setzen mehr auf heimische Reben wie Montepulciano und Sangiovese. Die regionale Cesanesetraube liefert in den drei DOC-Regionen Piglio, Affile und Olevano Romano in der Provinz Frosinone trockene und liebliche Weine, die jung von wunderbarem Rubinrot sind. Neuen Glanz spendet die uralte Traube bei dem körperreichen Concento IGT aus Cesanese und Syrah aus dem Hause L'Olivella. Er vereint das typische Syrah-Aroma mit einem exotischen Hauch von Schärfe.

ALEATICO DI GRADOLI

Frascati und einige andere regionale Weine gibt es auch in halbtrockenen Versionen (*abboccato* oder *amabile*), doch der einzige wirkliche Dessertwein ist der süße rote Aleatico di Gradoli aus einem kleinen Gebiet um den Ort Gradoli in der Provinz Viterbo. Der ausschließlich aus Aleaticotrauben gewonnene Wein wird in seiner aufgespriteten Version *(liquoroso)* gern mit Portwein verglichen. Seinen hohen Alkoholgehalt verdankt er unter anderem den teilrosinierten Trauben. Serviert wird er zu Haselnuss-*tozzetti* (Seite 173) oder wie der toskanische Vin Santo zu *cantucci*.

Schaut man den Essgewohnheiten der Römer vom ersten *cornetto* am Morgen bis zum letzten *cioccolatino* am Abend mal genauer auf den Grund, so gewinnt der Begriff »mediterrane Esskultur« plötzlich einen ganz anderen Sinn. Jeder Feiertag, jede Jahreszeit, ja fast jede Stunde hat ein eigenes *dolce.*

DOLCI

Die *pasticceria* ist vermutlich der wichtigste Laden in ganz Rom. Sie ist praktisch die einzige Adresse für ein Last-Minute-Geschenk am Heiligen Abend oder für ein riesiges Schokoladenei zu Ostern. Der Begriff *dolce,* wörtlich »süß«, bezeichnet sowohl den Dessertgang als auch die Süßigkeit selbst. Die Verkleinerungsform *dolcetto* ist bei lässlichen Näschereien gebräuchlich oder wenn man den Sündenfall herunterspielen möchte. Das Sortiment der römischen Süßigkeiten reicht vom nützlichen Sattmacher (Milch-*biscotti,* ein praktisches Kinderfrühstück) bis zu heimtückischen Versuchungen wie *maritozzi,* mit Schlagsahne gefüllte Brötchen.

Seit den frühesten Tagen des alten Rom, als adelige Paare zur Hochzeit noch Dinkelkuchen mampften, sind Süßigkeiten eng mit religiösen Anlässen verbunden. Bis zum 18. Jahrhundert musste man sie noch eigens in Klöstern bestellen oder selbst zubereiten. Eine Liste typisch römischer Schleckereien liest sich wie ein Kalender des Kirchenjahres: *colomba* (ein taubenförmiger Kuchen) zu Ostern, *frappe* (frittierte Teigstreifen) zum Karneval, *maritozzi quaresimali* (Rosinenbrötchen) zur Fastenzeit, *pangiallo* (Früchtebrot) zu Weihnachten, *fave dolci* (Mandelplätzchen) zu Allerseelen und *bignè di San Giuseppe* (Windbeutel) am Sankt-Josephs-Tag, dem italienischen Vatertag.

In jedem Winkel Roms findet man eine brauchbare *pasticceria,* häufig mit angeschlossener Bar. Die elegante *gelateria* Giolitti im Zentrum hält eine eindrucksvolle Auswahl cremegefüllter Windbeutel und anderes Naschwerk bereit. Eher durch alten Charme als durch neuen Glanz besticht das in die Jahre gekommene Valzani in Trastevere. Hier gibt es traditionelles Gebäck wie *pangiallo* und *pampepato,* gehaltvolle Kuchenbrote mit Nüssen und Trockenfrüchten, aber auch kernige *mostaccioli* und *torrone* (Nugat) mit Pinienkernen. I Dolci di Checco er Carettiere, der schicke Ableger eines alten Restaurants nahe dem Ponte Sisto, bietet alles von *cornetti* bis Éclairs und ist trotz minimaler Ausmaße auch ein In-Treff für Kaffee und Snacks. Auch bei Ciampini auf der Piazza San Lorenzo im Herzen des Einkaufsviertels rund um die Piazza di Spagna lohnt es, einen süßen Zahn zu riskieren.

In der hübschen Confiserie Moriondo e Gariglio zwischen der Piazza Collegio Romano und dem Pantheon ist jeden Tag Valentinstag. Sommergäste sollten jedoch wissen, dass viele Schokoladenläden in der warmen Jahreszeit geschlossen haben.

Roms süße Versuchungen reichen von *biscotti* bis zu Obstkuchen.

Wenn Familien früher einen Ausflug zu den Castelli Romani, den befestigten Bergdörfern südöstlich von Rom, machten, hatten sie immer Proviant dabei. Sobald sie aber im Castelli waren, kauften sie Brot und verschiedenes Gebäck, das besonders gut zu dem lokalen Süßwein mundete. Am beliebtesten waren *ciambelline,* mit Anis aromatisierte Kringel.

Ciambelline und Feiertage

Ciambelline und die größeren *ciambelle* spielten an katholischen Feiertagen eine Rolle. Zum Fest der Beschneidung des Herrn am 1. Januar sandten die Karmeliternonnen von Velletri dem Magistrat der Stadt einen Korb mit *ciambelle.* Zu Ehren Sankt Blasius', des Schutzpatrons der Wollkämmer, werden am 3. Februar noch heute in jedem Ort der Provinz Rom *ciambellini* gebacken. Den heiligen Rochus sieht man auf Darstellungen häufig mit einer *ciambella* – gereicht von einem Hund.

Süßes aus der Antike

Kringelförmiges Gebäck gab es schon im römischen Kaiserreich. Ein Rezept für den Ur-Doughnut aus Apicius' *De re coquinaria,* dem einzigen überlieferten Kochbuch jener Zeit, empfiehlt: Brotreste in Milch einweichen, daraus Ringe formen, in Öl frittieren und in Honig tränken.

Aus Ägypten wurde Rohrzucker importiert, der für Süßigkeiten jedoch zu teuer war. Honig von einheimischen Bienen oder aus den Bergen Griechenlands war der bevorzugte Süßstoff der Antike. Eine beliebte, da billigere Alternative bot *defrutum,* eingekochter Traubenmost.

Eine häufige Kombination waren Blätterteig und Frischkäse, die noch heute in manch honigtriefendem Gebäck aus dem Mittelmeerraum nachklingt. Etwas gewöhnungsbedürftig ist dagegen der antike Brauch, Süßes mit schwarzem Pfeffer zu kombinieren, etwa gebackene, in Pfeffer gerollte Datteln oder *tyropatina,* eine gehaltvolle Creme aus Milch, Eiern und Honig, bestaubt mit Pfeffer.

Ciambelline al vino herstellen

DER TEIG Zucker, Olivenöl, Margarine oder ein anderes Fett und Rotwein (auch Weißwein ist möglich) werden im Anschlagkessel aufgeschlagen *(montati),* bis die Masse die Konsistenz von geschlagener Sahne hat. Dann kommen Hefe und Mehl dazu, anschließend wird der Teig etwa 20 Minuten geknetet.

ROLLEN Kleine Teigbällchen werden durch rasche Hin- und Herbewegungen zu etwa 20 cm langen und $1\frac{1}{2}$ cm dicken Strängen gerollt. Die Reste wandern zurück in den rohen Teig. Mit einer einzigen raschen Handbewegung werden die Enden der Stränge sanft zusammengeführt (nicht gepresst), sodass ein Ring entsteht.

ZUCKERN Der im Durchmesser rund 9 cm große Kringel wird mit einer Seite in feinen Zucker getaucht und mit der Zuckerseite nach oben auf ein mit Backpapier ausgekleidetes Backblech gelegt.

BACKEN Die *ciambelline* werden bei 220 °C in 15–20 Minuten goldbraun gebacken und anschließend zum Abkühlen beiseite gestellt.

CANNOLI

Nach diesem sizilianischen Gebäck *par excellence* ist ganz Rom verrückt. Es wird aus röhrenartig aufgerollten Waffeln gemacht (*cannoli* bedeutet etwa »Rohr«), die zunächst frittiert und dann mit leicht gesüßtem Ricotta gefüllt werden. Die Waffel, *scorza* (»Rinde«), enthält neben Mehl, Butter und Eiern auch Kakao und Marsala. Die Füllung besteht fast nur aus Ricotta, abgesehen von ein paar kandierten Kürbisstückchen *(zuccata),* Schokolade und manchmal Pistazien. *Mignon* oder »mundgerechte« *cannoli* sind in den römischen Gebäckschachteln ganz einfach der Renner.

CASTAGNACCIO

Kastanien, Mehl, Zucker, Olivenöl, Rosinen, Pinienkerne und Rosmarin sind das Geheimnis dieses festen flachen Kuchens, der an Pizza erinnert und eher ein Imbiss als ein Dessert ist. Kinder kauften ihn früher beim Straßenhändler, heute bekommt man *castagnaccio* scheibenweise in vielen Pizzaläden. Das Gebäck ist aber auch ganz einfach selbst herzustellen. Besonders beliebt ist es im nördlichen Latium, Umbrien und in der Toskana. *Castagnaccio* wird vor allem in der Kastanienzeit im Herbst und Winter gebacken, da das Kastanienmehl später leicht ranzig wird.

CORNETTO

Mit dem rituellen Cappuccino und *cornetto,* vorzugsweise in einer lebhaften Bar, beginnt jeder Tag in Rom. In den 1960ern verhalf der Regisseur Nanni Loy dieser Kombination in der italienischen Version von »Verstehen Sie Spaß?« zu kultischem Ruhm, als er nämlich sein *cornetto* in den Cappuccino wildfremder Menschen tunkte, um ihre Reaktionen zu filmen. Das römische *cornetto* (*corno* bedeutet »Horn«) gleicht einem Croissant, ist jedoch kleiner. Es kann mit Konfitüre (meist Aprikose) oder auch mit Salzigem wie *prosciutto* gefüllt sein.

MOSTACCIOLI

Diese kernigen rautenförmigen Kekse gibt es überall in Italien in allen Variationen. Ursprünglich stammen sie aus dem Latium. Ihr Name ist vermutlich vom Lateinischen *mustaceus* abgeleitet, einem flachen Gebäck, das im alten Rom auf Hochzeiten gereicht wurde. *Mustum,* lateinisch für »Traubenmost«, sorgte also nicht nur für die Süße, sondern auch für den Namen. Die Zutaten für dieses Gebäck sind Mehl, Eiweiß, Honig, Nüsse, Zitronenschale und kandierte Trockenfrüchte. Es kursieren aber auch Versionen mit Schokolade oder Kakao.

CIAMBELLINE AL VINO

Fast alles, was rund ist, ob ein Doughnut oder ein Schwimmring, hört auf den Namen *ciambella,* der hier nur verrät, dass diese klassischen *biscotti* klein und ringförmig sind. Sie sind das i-Tüpfelchen nach jedem Essen.

SFOGLIATELLE

So wie Marilyn Monroe gern nach immer neuen Stellen für ihre Diamanten suchte, so lieben es die Römer, ständig neue Verstecke für ihren Ricotta zu erfinden. Diese aus Kampanien stammende Spezialität wird aus dünnem, mit einer Creme aus Ricotta und Semolina gefülltem Blätterteig gemacht.

CROSTATA DI FRUTTA

Einen dicken Mürbeteigboden und eine Schicht eingemachter oder frischer Früchte, mehr braucht man nicht für einen der beliebtesten und vielseitigsten *dolce* der Römer. Manchmal ist die *crostata* die schnelle Lösung für eine Party, ein anderes Mal ist sie die ideale Unterlage für Obst aus dem eigenen Garten oder selbst gemachte Konfitüre. Bars und Bäckereien bieten den Obstkuchen auch stückweise zum Tee, Kaffee oder Likör. *Crostata* ist ein typischer Snack für den späten Nachmittag und weniger ein Dessert.

PANGIALLO

Der Name *pangiallo,* wörtlich »gelbes Brot«, tut diesem leckeren Früchtebrot, das traditionell im Latium und in Umbrien zu Weihnachten gebacken wird, Unrecht. Standardversionen sind ein Mix aus Haselnüssen, Walnüssen, Mandeln, Pinienkernen, Rosinen, getrockneten Feigen, Zitronat, Orangenschale und Gewürzen. Wie die meisten Süßigkeiten, die man mit den Fingern essen kann, ist *pangiallo* weniger ein Dessert als eine Kleinigkeit zum Kaffee oder Süßwein. Frühere Versionen enthielten mit Safran gefärbtes Marzipan, daher der Name.

DIAVOLETTI AL PEPERONCINO

Nicht alle römischen Süßigkeiten haben ihren Ursprung im Dunkel der Vergangenheit. Als in dem Film *Chocolat* erstmals die Chilipraline auftauchte, begannen Kunden des traditionsreichen Valzani in Trastevere danach zu fragen. Immer zuvorkommend und der Kundschaft verpflichtet, entwickelte das Haus ein patentiertes und geheimes Rezept für ein kakaobestaubtes Konfekt, das erst wie ein Schokotrüffel schmeckt, bis nach einigen Sekunden die Füllung zu schmelzen beginnt und im Mund förmlich explodiert. Der Name »kleine Teufel« sagt alles.

ANTIPASTI

Frittierte Zucchiniblüten, eingelegtes Gemüse, luftgetrocknete

Schinken – kein Menügang bietet so viel Abwechslung wie Antipasti.

Das Antipasti-Buffet mit seiner bunten Auswahl an mariniertem Fisch, gegrilltem Gemüse, Frittatastücken und vielen anderen appetitlichen Häppchen ist typisch für eine italienische Trattoria. In Rom hat der Antipasto (wörtlich »vor dem Essen«) eigentlich keine große Tradition, daher bieten einfache Häuser häufig nur eine Platte mit Schinken und Melone oder Feigen im Sommer. Mit rustikalem Brot sind Antipasti ein idealer Imbiss oder ein leichtes Mittagessen. *Fiore di zucca* (Zucchiniblüten) oder ein Stück Frittata, als was auch immer sie auf den Tisch kommen, sind römischer Genuss pur.

BRUSCHETTA AL POMODORO

Bruschetta mit Tomaten und Basilikum

Es sieht so einfach aus, wie es ist – mit Knoblauch eingeriebenes Röstbrot mit frischen Tomaten darauf. Und dennoch demonstriert die bruschetta al pomodoro *bereits die ganze Klasse einfachster römischer Zutaten. Das traditionelle Bruschettabrot ist* pane casereccio, *das römische Standardbrot, doch ein gutes Sauerteig- oder Bauernbrot tut es ebenso gut. Gibt es weder vollreife Tomaten noch frisches Basilikum, dann sollte man lieber ganz verzichten und die Bruschetta schlicht mit Knoblauch, Salz und Olivenöl zubereiten.*

1 Das Brot kann sowohl auf dem Grill als auch im Toaster geröstet werden. Bei Verwendung eines Grills einen Holzkohlegrill vorbereiten oder einen Gasgrill auf mittlerer Stufe vorheizen.

2 Wenn Sie feste Salattomaten verwenden, die Samen entfernen, in etwa 5 mm dicke Scheiben schneiden. Sehr reife Tomaten enthäuten, Samen entfernen, in 1,5 cm große Würfel schneiden. Kirschtomaten halbieren. Große Basilikumblätter in einige Stücke zerpflücken, kleinere Blätter ganz lassen.

3 Das Brot nebeneinander auf einen Rost legen und in 20 cm Entfernung von der Hitzequelle von jeder Seite in etwa 2 Minuten goldbraun rösten. Oder das Brot im Toaster rösten. Die noch heißen Scheiben auf einer Seite kräftig mit einer ganzen Knoblauchzehe einreiben. Die raue Oberfläche raspelt den Knoblauch wie eine Reibe, eine Zehe reicht gerade für 2 Scheiben.

4 Je 2 Brotscheiben mit der Knoblauchseite nach oben auf Teller legen und die Tomaten gleichmäßig nebeneinander darauf verteilen. Bei Kirschtomaten die Tomatenhälften mit der Schnittfläche nach unten auf dem Brot zerdrücken (Vorsicht, es könnte spritzen!). Die Bruschette salzen und mit Olivenöl beträufeln. Mit dem Basilikum garnieren und sofort servieren.

Dazu passt ein fruchtiger Weißwein, etwa ein Orvieto Classico.

1 große oder 2 mittelgroße Tomaten oder etwa 16 Kirschtomaten

Etwa 16 frische Basilikumblätter

4 Scheiben kräftiges italienisches Landbrot, je etwa 1,5 cm dick

2 ganze Knoblauchzehen, geschält

Salz

2–4 EL natives Olivenöl extra

Für 2 Personen

Römisches Brot

Ohne gut gefüllten Brotkorb auf dem Tisch rühren die Römer keine Gabel an. Auch zum Abschluss eines Essens ist Brot unverzichtbar. Womit sollte man auch die letzte Saucenpfütze auftunken, *fare la scarpetta* genannt, eine außer in sehr förmlicher Umgebung absolut gängige Tischsitte? Selbst die Sprache unterteilt Essbares in *pane* (Brot) und *companatico* (wörtlich »zum Brot«).

Trotz Designer-Bäckereien und walnuss- oder olivengespicktem Brot greifen die meisten Römer zur traditionellen *pagnotta,* einer runden Version des *pane casereccio* (»hausgemacht«), das es hell und dunkel gibt und die übliche Wahl für Bruschetta ist. Das Brot aus den Holzfeueröfen der nahen Städte Genzano und Lariano gehört zum besten in ganz Italien.

Andere typische Brotsorten sind das salzlose *tipo Terni*, das luftige *napoletano* und das dichte, weiche *pane di grano duro.* Die luftige, gewölbte *rosetta* ist das Standardbrötchen und wird aufgeschnitten zu *panino.* Verbreitet sind auch die kugelrunde *ciriola,* benannt nach einem Aal, der einst im Tiber schwamm, sowie die flache *ciabatta.*

ANTIPASTO BIS DI PEPERONI E MELANZANE

Gegrillte Auberginen und Paprikaschoten

Den ganzen Sommer füllen prächtige Auberginen und Paprikaschoten von den nahe gelegenen Farmen die Märkte Roms. Die Auswahl an Auberginen reicht von weißen, blassvioletten und kugeligen bis zu schlanken, fast schwarzen Sorten. Die in Grün, Gelb und Rot leuchtenden Paprikaschoten bringen bequem ein halbes Kilo auf die Waage. Beide Gemüse sind ideal zum Grillen und vertragen sich nicht nur auf Gartenpartys wunderbar – vor allem, wenn gutes Brot und ein paar Scheiben mozzarella di bufala *mit von der Partie sind. Doch auch solo sind sie gegrillt eine attraktive und schmackhafte Beilage.*

FÜR DIE AUBERGINEN

2 Knoblauchzehen

Etwa 15 g abgezupfte glatte Petersilie

2 TL Rotweinessig

125 ml natives Olivenöl extra, plus mehr nach Bedarf

1 mittelgroße Aubergine, vorzugsweise eine helle runde Sorte, ungeschält in 1 cm dicke Scheiben geschnitten

Salz, möglichst frisch gemahlen

½ TL rote Chiliflocken (nach Belieben)

FÜR DIE PAPRIKASCHOTEN

3 rote oder gelbe Paprikaschoten

2 EL natives Olivenöl extra

Salz

1 TL frisch gehackte Kräuter (Oregano, glatte Petersilie oder Basilikum; nach Belieben)

Für 6 Personen

1 Einen Holzkohlegrill vorbereiten oder einen Gasgrill auf mittlerer Stufe vorheizen; oder den Backofengrill vorheizen.

2 Die Knoblauchzehen längs halbieren und die grünen Keimlinge entfernen. Mit einem Wiegemesser *(mezzaluna)* den Knoblauch und die Petersilie auf einem Brett ganz fein hacken. (Sie können dazu auch ein großes Küchenmesser oder einen Mixer verwenden.) Die Mischung in einer Schüssel mit dem Essig und Olivenöl gründlich verrühren (oder die Zutaten gleich mit in den Mixer geben). Beiseite stellen.

3 Grillen auf dem Grill: Die Paprikaschoten und die Auberginenscheiben etwa 20 cm von der Hitzequelle entfernt nebeneinander auf den Rost legen. Die Paprika etwa 10 Minuten von allen Seiten gleichmäßig grillen, bis ihre Haut rundherum Blasen wirft und das Fruchtfleisch weich, aber nicht verbrannt ist. Die Auberginen (falls nötig portionsweise) von beiden Seiten je etwa 3 Minuten grillen, bis sie braune Streifen haben und weich sind. In beiden Fällen kann die Garzeit je nach Intensität der Hitze variieren.

4 Grillen unter dem Backofengrill: Die Auberginenscheiben nebeneinander auf ein Blech legen und etwa 15 cm von der Hitzequelle entfernt einschieben. Von jeder Seite etwa 2 Minuten grillen, bis sie leicht gebräunt und weich sind. Entscheidend ist die Farbe, nicht die Garzeit. Die gegrillten Scheiben auf eine Platte legen. Die Paprika auf das Blech legen und von allen Seiten etwa 10 Minuten grillen, bis die Haut Blasen wirft und verkohlt ist. Darauf achten, dass das Fruchtfleisch nicht verbrennt.

5 Von nun an gehen beide Gemüse getrennte Wege. Die Paprikaschoten in eine Papiertüte packen, verschließen und abkühlen lassen, bis man sie anfassen kann. Die Schoten wieder aus der Tüte nehmen, die Stielansätze entfernen und die Basis dünn abschneiden. Die Schoten, so gut es geht, enthäuten, der Länge nach aufschneiden und die Samen entfernen. Etwaige Hautreste mit einem kleinen, scharfen Messer abziehen. Es darf aber ruhig etwas Haut zurückbleiben. Das Fruchtfleisch längs in 1 cm breite Streifen schneiden. Dabei die Scheidewände und letzte hartnäckige Samen entfernen. Die Paprikastreifen in einer kleinen Servierschüssel mit dem Olivenöl beträufeln, vermengen, salzen und nach Belieben kurz vor dem Servieren mit den Kräutern garnieren.

6 Die Auberginen leicht abkühlen lassen und in ein Serviergefäß mit senkrechtem Rand schichten. Jede Schicht mit der Öl-Petersilien-Mischung überziehen und mit etwas Salz und nach Belieben mit einigen Chiliflocken bestreuen. Sind die Auberginen sehr trocken, noch etwas Öl zugeben.

7 Die Paprika und Auberginen zugedeckt bei Raumtemperatur bis zu 1 Stunde durchziehen lassen oder im Kühlschrank bis zu 3 Tage aufbewahren. Einige Zeit vor dem Servieren aus dem Kühlschrank nehmen und raumtemperiert servieren.

Servieren Sie dazu einen aromatischen Weißwein, etwa einen Müller-Thurgau aus dem Alto Adige oder einen lokalen Frascati Superiore.

SUPPLÌ AL TELEFONO

Frittierte Reisbällchen

Der Name supplì *geht vermutlich auf das französische* surprise *– »Überraschung« – zurück und spielt auf das Innenleben aus geschmolzenem Mozzarella dieser beliebten ovalen Kroketten an, ein in Roms Pizzerias verbreiteter Appetizer. Und warum* telefono*? Beißt man in das Bällchen hinein und klappt es auseinander, zieht der Käse Fäden, die an die Spiralschnur eines Telefonhörers erinnern. Obwohl die Versuchung groß ist, verkneifen sich die meisten Römer bissige Kommentare zu den »Überraschungen«, die das örtliche Telefonnetz bereithält, oder über das moderne Zeitalter der drahtlosen Telefonie.*

1 Für die Tomatenmischung die Steinpilze in einer Schale mit warmem Wasser bedecken und 15 Minuten einweichen lassen. Abgießen, sorgfältig ausdrücken und fein hacken. In einer Bratpfanne das Olivenöl auf mittlerer Stufe erhitzen. Das Hackfleisch, die Zwiebel und die Steinpilze darin etwa 10 Minuten braten, bis das Fleisch Farbe genommen hat und krümelig zerfällt. Die pürierten Tomaten und 1/2 Teelöffel Salz zugeben. Zum Kochen bringen, die Hitze etwas reduzieren und unbedeckt etwa 20 Minuten köcheln lassen, bis die Sauce um rund ein Drittel eingekocht ist. Abseits des Herdes abkühlen lassen.

2 Für den Reis einen großen Topf mit Wasser füllen und bei starker Hitze zum Kochen bringen. Einen Esslöffel Salz zugeben, den Reis einstreuen und unter gelegentlichem Rühren in 10–12 Minuten *al dente* kochen. Den Reis abtropfen lassen, auf einer großen Platte oder in einer Bratpfanne ausbreiten und etwas abkühlen lassen. Die Eier, die Butter, den Parmesan, eine Prise Salz sowie die Tomatenmischung zugeben und mit den Händen gründlich vermengen. Die Masse auf Raumtemperatur abkühlen lassen.

3 Zum Formen der Reisbällchen das Ei in einer kleinen, flachen Schale verschlagen. Mit einem Esslöffel etwas Reismasse abnehmen und zu einem eigroßen ovalen Bällchen formen. Mit dem Zeigefinger seitlich eine tiefe Mulde in das Bällchen drücken, einen Mozzarellawürfel hineinstecken und mit der Reismasse wieder verschließen. Die Bällchen durch das verschlagene Ei ziehen und rundherum mit Semmelbröseln gleichmäßig panieren. Auf eine große Platte oder ein Blech legen. Mit der restlichen Reismasse und Mozzarella in gleicher Weise verfahren. Sind sämtliche Zutaten verarbeitet, die fertigen Reisbällchen zugedeckt mindestens 1 Stunde oder über Nacht in den Kühlschrank stellen.

4 Den Ofen auf 65 °C vorheizen und eine hitzebeständige Platte hineinstellen. In einem schweren Topf oder einer Bratpfanne mit hohem Rand mindestens 5 cm hoch Öl einfüllen und auf 165 °C erhitzen (zur Kontrolle ein Fettthermometer verwenden oder etwas Reis hineingeben; beginnt er sofort zu zischen, ist die Temperatur erreicht). Die Reisbällchen portionsweise etwa 5–7 Minuten frittieren, bis sie eine dunkle goldbraune Kruste bekommen haben. Falls nötig, zwischendurch wenden. Mit einer Schaumkelle herausheben und auf Küchenpapier abtropfen lassen. Die abgetropften Reisbällchen im Ofen warm stellen, während Sie die restlichen Bällchen frittieren.

5 Die Reisbällchen servieren, solange der Mozzarellakern noch heiß ist. Man kann sie mit Messer und Gabel essen, für den klassischen Telefonschnur-Effekt greift man sie jedoch mit einer Papierserviette und isst sie aus der Hand.

In einer römischen Pizzeria serviert man typischerweise einen Castelli Romani dazu, doch passt auch ein Chardonnay aus dem Eichenfass, zum Beispiel aus dem Friaul, sehr gut.

FÜR DIE TOMATENMISCHUNG

15 g getrocknete Steinpilze *(porcini)*

1 EL natives Olivenöl extra

125 g mageres Rinderhackfleisch

1 kleine gelbe Zwiebel, fein gehackt

1 Dose (440 g) pürierte Tomaten

Salz

FÜR DEN REIS

Salz

440 g Arborioreis

2 große Eier, leicht verschlagen

2 EL Butter

2 EL geriebener Parmesan

1 großes Ei

250 g frischer Mozzarella, in etwa 24 Würfel von der Größe großer Zuckerwürfel geschnitten

125 g feine Semmelbrösel

Olivenöl zum Frittieren

Ergibt etwa 24 Reisbällchen

ZUCCHINE A SCAPECE

Marinierte frittierte Zucchinischeiben

Diese einfachen marinierten Zucchinischeiben mit einem Hauch Minze sind ein Dauerbrenner auf dem Antipasti-Buffet römischer Trattorias. Der Begriff scapece *ist vermutlich vom spanischen* escabeche *(Mariniertes), einer ähnlichen Technik, abgeleitet. Jede Zucchinisorte ist geeignet, doch am besten sind die hübschen* zucchine romanesche. *Sie haben eine hellgrüne Schale und sind leicht kanneliert, daher erinnern die Scheiben an Sterne. Zudem enthalten sie relativ wenig Wasser. Wasserreiche Sorten schneidet man einige Stunden vor dem Frittieren und lässt sie auf einem Rost oder Küchentuch trocknen.*

2 Knoblauchzehen

Etwa 150 ml Olivenöl

500 g kleine oder mittelgroße feste Zucchini, Enden gekappt, in 5 mm dicke Scheiben geschnitten

1/4 TL Salz

1 1/2–2 EL Rotweinessig

Etwa 10 frische Minzeblätter, zerpflückt

Ergibt 4 kleine Portionen

1 Die Knoblauchzehen längs halbieren und die Keimlinge entfernen. Jede Hälfte der Länge nach in 2–3 Stifte schneiden und beiseite legen.

2 Das Olivenöl etwa 2,5 cm hoch in eine Bratpfanne füllen und mäßig stark erhitzen, bis eine Zucchinischeibe beim Eintauchen sofort zu zischen beginnt. Die Zucchinischeiben nebeneinander in einer einzigen Schicht in das Öl legen und von jeder Seite in etwa 2 1/2 Minuten goldbraun frittieren. Orientieren Sie sich an der Farbe, nicht an der Garzeit. Die fertigen Zucchinischeiben mit einer Schaumkelle herausheben, durch Schütteln überschüssiges Öl abtropfen lassen und in eine kleine Servierschüssel geben. Zügig weitere Zucchinischeiben nachlegen, damit die Temperatur des Öls möglichst konstant bleibt.

3 Die frittierten Zucchini leicht salzen, den Knoblauch sowie 1 1/2 Esslöffel Essig zugeben und behutsam, aber gründlich vermengen. Mit den Minzeblättchen noch einmal kurz durchheben. Die Zucchini an einem kühlen Ort oder im Kühlschrank etwa 30 Minuten abkühlen und durchziehen lassen.

4 Die Zucchini nach Belieben mit weiterem Essig abschmecken und direkt in der Schüssel servieren. Wenn Sie es etwas pikanter mögen, die Zucchini einfach über Nacht durchziehen lassen.

Ein Weißwein wie Fiano di Avellino oder Greco di Tufo aus Kampanien betont den südlichen Charakter dieses Gerichts.

FIORI DI ZUCCA FRITTI IN PASTELLA

Ausgebackene Zucchiniblüten mit Mozzarella und Sardellen

Fiori di zucca, *»Kürbisblüten«, sind die männlichen Blüten von Zucchini. Den weiblichen Blüten, die man an den Zucchini auf Roms Märkten sieht, fehlt der charakteristische lange Stiel. Daher ist die außerhalb Italiens kaum zu findende männliche Blüte besser geeignet. Die leuchtend orangefarbenen Blüten lassen sich wie hier frittieren oder zu köstlichen Pastasaucen, Risottos oder Frittatas verarbeiten. Die gefüllten Blüten werden vor dem Ölbad durch* pastella, *einen einfachen Backteig, gezogen. Das Original stammt ursprünglich aus dem Ghetto, dem einstigen jüdischen Viertel Roms.*

12 Zucchiniblüten

4 in Olivenöl eingelegte Sardellen, in jeweils 3 Stücke geschnitten

125 g frischer Mozzarella oder *mozzarella di bufala* (Seite 105), in 12 Stücke geschnitten

475 g Mehl, plus mehr nach Bedarf

Salz

½ TL Weißweinessig

Olivenöl zum Frittieren

Für 4 Personen

1 Die Stiele der Zucchiniblüten abschneiden und die scharfen hervorstehenden Stellen des Blütenkelchs an der Basis entfernen. Anschließend die Stempel aus dem Innern herauslösen, ohne die Blüte zu beschädigen. Die Blüten vorsichtig abspülen und mit einem Küchentuch oder Küchenpapier abtrocknen.

2 In jede Blüte jeweils 1 Stück Sardelle und 1 Stück Käse stecken und die Blütenblätter darüber verschließen. Eingerissene Blütenblätter eng um die Füllung wickeln, der Backteig hält das Paket beim Frittieren zusammen. Die gefüllten Zucchiniblüten behutsam auf einen Teller legen.

3 In eine Schüssel 300 Gramm Mehl sieben, 300 Milliliter Wasser zugießen und mit einer Gabel zu einem zähflüssigen Teig verschlagen. Zur Probe einen Finger hineintauchen. Der Teig sollte den Finger überziehen, ohne zu tropfen. Den Teig nötigenfalls durch weiteres Mehl oder Wasser auf die richtige Konsistenz bringen. ¼ Teelöffel Salz und den Essig unterrühren. Das verbliebene Mehl in eine Schüssel füllen.

4 Den Ofen auf 65 °C vorheizen und eine hitzebeständige Platte hineinstellen. In einen schweren Topf oder eine Bratpfanne mit hohem Rand 2,5 cm hoch Olivenöl gießen und auf 165 °C erhitzen (zur Kontrolle ein Fettthermometer verwenden oder etwas Backteig hineingeben; beginnt er sofort zu zischen, ist die Temperatur erreicht). Eine gefüllte Blüte an der Basis greifen und gleichmäßig in dem Mehl wenden. Überschüssiges Mehl sanft abklopfen. Die Blüte durch den Backteig ziehen, bis sie rundherum gut bedeckt ist, und vorsichtig in das heiße Öl gleiten lassen. Weitere 2–3 Blüten folgen lassen, aber darauf achten, dass sie ausreichend Platz in dem Öl haben. Die Zucchiniblüten von allen Seiten in etwa 5 Minuten goldbraun ausbacken. Orientieren Sie sich an der Farbe statt an der Uhr. Die fertigen Zucchiniblüten mit einer Schaumkelle oder einer Zange herausheben und auf Küchenpapier abtropfen lassen. Auf der vorgewärmten Platte im Ofen warm stellen. Die restlichen Zucchiniblüten auf die gleiche Weise ausbacken.

5 Die gebackenen Zucchiniblüten mit etwas Salz bestreuen, auf einer vorgewärmten Platte oder Tellern anrichten und sofort servieren.

Ein Weißwein aus dem Castelli Romani ist der ideale Begleiter, etwa ein Frascati oder ein Marino. Ein Gewürztraminer aus dem Alto Adige unterstreicht besonders den blumigen Akzent der Blüten.

INSALATA DI FINOCCHIO

Fenchel-Orangen-Salat mit Oliven

In der griechischen Mythologie stahl Prometheus den Göttern des Olymp das Feuer und brachte es als Fenchelpflanze auf die Erde. Seitdem spielt die aromatische Knolle in der mediterranen Küche eine Schlüsselrolle. Fenchel ist roh oder gegart ein beliebtes Wintergemüse der Römer, die Kombination mit Orangen, seinem natürlichen Partner, stammt jedoch aus Sizilien. Die bräunlich violetten Gaeta-Oliven, benannt nach einem malerischen Fischerort im südlichen Latium, sind in der Hauptstadt eine feste Größe. Der erfrischende Salat eignet sich als Abschluss eines Essens ebenso wie als Antipasto oder contorno.

2 möglichst runde Fenchelknollen

1 Blutorange oder
1 aromatische gelbe Orange

Salz

2 EL natives Olivenöl extra

Frisch gemahlener weißer Pfeffer

Etwa 24 Gaeta-Oliven oder andere in Lake eingelegte schwarze Oliven, entsteint

Für 4 Personen

1 Die Stiele und das fedrige Kraut der Fenchelknollen abschneiden und wegwerfen oder für einen anderen Zweck beiseite legen. Die Außenblätter entfernen und die harten Strünke herausschneiden. Die Knollen mit einem scharfen Messer der Länge nach in 3 mm dünne Scheiben schneiden.

2 Die Orange mit einem scharfen Messer an Blüten- und Stängelansatz so kappen, dass das Fruchtfleisch zum Vorschein kommt. Die Frucht aufrecht auf ein Brett stellen und die Schale mitsamt der weißen Schicht, der Rundung folgend, abschneiden. Die geschälte Orange senkrecht halbieren und die Hälften so dünn wie möglich quer in Scheiben schneiden. Kerne und weiße Schalenreste entfernen.

3 Salz entzieht dem Fenchel Wasser, und die Oliven steuern ohnehin reichlich Salz bei. Möchten Sie den Salat aber dennoch einige Minuten vor dem Servieren salzen, geben Sie die Fenchelscheiben zunächst in ein Sieb, bestreuen sie mit Salz und lassen das austretende Wasser abtropfen, bevor Sie mit der Zubereitung fortfahren.

4 Die Fenchelscheiben auf 4 Teller verteilen, die Orangen zu gleichen Teilen darauf anrichten und alles mit dem Olivenöl beträufeln. Nach Belieben mit Salz und weißem Pfeffer würzen und mit jeweils 6 Oliven garnieren. Vor dem Servieren einige Minuten stehen lassen, bis die Orangen etwas von ihrem Saft an den Fenchel abgegeben haben.

Dazu passt ein trockener Pinot Grigio.

QUI TROVI

BRESAOLA CON RUGHETTA E SCAGLIE DI PARMIGIANO

Bresaola mit Rucola und Parmesan

Die eigentlich aus Norditalien stammende bresaola, *luftgetrocknetes Rinderfilet, gehört als Ersatz für* prosciutto *zum festen Inventar der römisch-jüdischen Tafel und wird auch wegen ihres geringen Fettgehalts geschätzt. Rucola, in Rom* rughetta *oder* ruchetta coltivata *genannt, teilt sich die kulinarische Bühne mit der* rughetta selvatica *(Seite 45). Hier sind beide geeignet. Parmigiano-Reggiano – Parmesan –, ein »Import« aus der Emilia-Romagna, ist längst auch in Rom fest verwurzelt.*

60 g Rucola, harte Stiele entfernt, Blätter gewaschen und abgetropft

Salz

2 TL natives Olivenöl extra

Frisch gemahlener Pfeffer

16 hauchdünne Scheiben (140 g) *bresaola* (ersatzweise Bündnerfleisch)

50 g Parmesan

4 Zitronenspalten

Für 4 Personen

1 Den Rucola zerzupfen und in eine Schüssel geben. Mit Salz bestreuen und mit dem Olivenöl gründlich vermengen. Milden Rucola mit etwas Pfeffer aus der Mühle würzen; häufig ist jedoch sein eigenes Aroma bereits pfeffrig genug.

2 Nehmen Sie zum Anrichten weißes oder zumindest helles Geschirr (eine Platte oder Einzelteller), damit das Farbenspiel der Zutaten schön zur Geltung kommt. Die *bresaola*-Scheiben rundherum am Rand entlang anrichten und den Rucola in der Mitte aufhäufen. Den Parmesan mit einem Käsehobel oder Sparschäler über den Rucola hobeln.

3 Die *bresaola* und den Rucola mit etwas Salz und Pfeffer aus der Mühle würzen und sofort servieren. Die Flasche Olivenöl und die Zitronenspalten zum Nachwürzen auf den Tisch stellen. So kann sich jeder nach Belieben davon bedienen.

Servieren Sie dazu einen Sekt, am besten einen Metodo Classico, oder einen moussierenden Frascati.

Das richtige Olivenöl

Ein Blick auf das Flaschenetikett ist der erste Schritt zu hochwertigem Olivenöl. Die besten Öle tragen offizielle Gütesiegel wie *denominazione d'origine protetta* (DOP) oder, seltener, *indicazione geografica protetta* (IGP), beides kontrollierte Herkunftsbezeichnungen für Lebensmittel und Agrarerzeugnisse. Nur Produkte, die den strengen Standards innerhalb einer klar definierten Region genügen, erhalten die begehrte Auszeichnung.

Natives Olivenöl extra von Top-Qualität – meist in teuren kleinen, vom Bauern selbst abgefüllten Flaschen mit detaillierten Informationen zum Anbau und Pressverfahren – sollte nur roh als Würzmittel verwendet werden. Zum Sautieren oder Braten genügt ein preiswerteres gutes Olivenöl.

Die meisten Spitzenöle in Roms Küchen stammen aus der Toskana oder Umbrien, doch hat auch das Latium zwei vorzügliche DOP-Öle zu bieten. Sabina DOP wird in den Sabiner Bergen in den Provinzen Rieti und Rom hergestellt, Europas ältesten Olivenbaumkulturen. Das fruchtige duftende Canino DOP stammt aus der Provinz Viterbo.

FRITTATA DI ASPARAGI

Frittata mit grünem Spargel

Italienische Frittata und französisches Omelett sind nicht dasselbe. Im Gegenteil, anders als ein Omelett wird die Frittata nämlich nicht über der Füllung zusammengefaltet. Manche Römer mögen ihre Frittata am liebsten dick wie eine Quiche, die meisten aber bevorzugen sie dünn, damit sie auch in ein Sandwich passt. Hier ist die Frittata eher flach, doch wer das heikle Wenden in der Pfanne beherrscht, kann die Eiermenge ruhig erhöhen und sich an dickeren Versionen versuchen. Frischer grüner Spargel ist eine typische Frühlingsfüllung. Beliebte Alternativen sind Zucchini, Lauch und Artischockenherzen.

500 g grüner Spargel

2 EL natives Olivenöl extra, plus mehr nach Bedarf

4 große raumtemperierte Eier

3 EL geriebener Parmesan

Salz

Frisch gemahlener Pfeffer

Für 4 Personen

1 Die harten Enden der Spargelstangen kappen, die Spitzen abschneiden und beiseite legen. Ist die Schale hart, das untere Drittel der Stangen mit einem Sparschäler abschälen. Die Stangen schräg in gut 1 cm dicke Scheiben schneiden. Spitzen, die länger als 2,5 cm lang sind, schräg in zwei Hälften schneiden.

2 In einer beschichteten Pfanne mit 25 cm Durchmesser 1 Esslöffel des Olivenöls auf mittlerer Stufe erhitzen. Die Spargelscheiben ohne die Spitzen darin etwa 2 Minuten sautieren. 1 Esslöffel Wasser zugeben und den Spargel zugedeckt bei schwacher Hitze dünsten, bis er ganz weich ist. Das dauert einige Minuten. Den Spargel mit einer Schaumkelle in eine kleine Schüssel legen und beiseite stellen.

3 Das restliche Olivenöl in der Pfanne auf mittlerer Stufe erhitzen. Die Spargelspitzen darin unter Rühren etwa 5 Minuten garen, bis sie weich sind. Ist die Pfanne zu trocken, noch etwas Olivenöl zugeben. Die Spargelscheiben hinzufügen und alles einige Sekunden durchschwenken. Die Hitze auf niedrige Stufe reduzieren und noch einen Schuss Olivenöl zugeben. Die Spargelstücke mit einem Holzlöffel gleichmäßig in der Pfanne verteilen.

4 Die Eier in einer kleinen Schüssel kräftig verschlagen, den Käse einrühren und die Masse mit 1/4 Teelöffel Salz und frisch gemahlenem Pfeffer würzen.

5 Die Temperatur wieder etwas erhöhen und die Eiermischung so behutsam wie möglich über den Spargel in die Pfanne gießen, damit er nicht verrutscht. Die Eiermischung, ohne zu rühren oder einzustechen, etwa 15 Minuten ganz sanft stocken lassen. Läuft die Frittata Gefahr, am Rand anzuhaften, den Rand mit einem Spatel leicht anheben und rundherum vom Boden lösen. Sobald die Frittata gestockt ist und sich vom Boden lösen lässt, vorsichtig auf einen großen, flachen Teller gleiten lassen. Die Pfanne umgedreht auf den Teller setzen und stürzen, sodass die Frittata zurück in die Pfanne fällt. Den Teller abnehmen und die Frittata kurz bei schwacher Hitze von der anderen Seite bräunen.

6 Die Frittata auf eine Platte gleiten lassen. In Tortenstücke schneiden und warm oder raumtemperiert servieren.

Dazu passt ein frischer Weißwein, etwa ein Sauvignon Blanc aus dem Latium oder anderer Herkunft.

INSALATA DI MARE

Meeresfrüchtesalat

Insalata di mare *kann in Rom alles Mögliche bedeuten, vom typischen Trattoria-Allerlei aus Tintenfischringen und Shrimps bis zu den feinsten Kompositionen, diktiert von der Eingebung des Kochs und dem Fang des Tages. Bei diesem aus dem Al Presidente, Roms Top-Adresse für Fisch, inspirierten Salat werden die Zutaten nur kurz gegart und auf einem Bett aus Feldsalat angerichtet. Gewürzt wird kaum, damit jeder Bissen seinen natürlichen Geschmack bewahrt. Ist ein edler Balsamico zur Hand, seien einige Tropfen gestattet.*

1 Die Garnelen- und Kaisergranatschwänze (falls verwendet) schälen, die Köpfe und Schwanzfächer daran belassen. Das Fleisch auf dem Rücken der Länge nach einschneiden und den dunklen Darm herausziehen. Das Jakobsmuschelfleisch ganz lassen. In einen Dämpftopf etwa 5 cm hoch Wasser einfüllen und zum Kochen bringen. Die Garnelen, Kaisergranate und Jakobsmuscheln in den Einsatz legen, in den Topf einhängen und zugedeckt etwa 5 Minuten dämpfen, bis sich die Krustentiere rosa verfärbt haben und die Jakobsmuscheln nicht mehr durchscheinen. Herausnehmen und beiseite stellen. Falls nötig, die Meeresfrüchte portionsweise dämpfen.

2 Die Sepien, Kalmare und/oder den Octopus je nach Größe in mundgerechte Stücke schneiden oder ganz belassen. Einen Topf zu drei Vierteln mit Wasser füllen und zum Kochen bringen. Die Tintenfische mit etwas Zitronensaft beträufeln, in das kochende Wasser geben und 2–3 Minuten garen, bis sie zart sind. Abtropfen lassen und beiseite stellen.

3 Auf einer Platte oder Tellern ein Bett aus Feldsalat ausbreiten, leicht salzen und mit etwas Olivenöl beträufeln. Die Meeresfrüchte dekorativ darauf anrichten und jeweils mit 1–2 Scheiben der Zitrusfrüchte garnieren. Das restliche Olivenöl darüber verteilen. Nach Belieben jedes Seafoodstück mit einem Tropfen Balsamico beträufeln. Die Petersilie und den Schnittlauch vermengen und über dem Salat verteilen. Sofort servieren.

Zu diesem Salat passt ein fruchtiger Weißwein, etwa ein Greco di Tufo.

500 g gemischte Meeresfrüchte (Garnelen in der Schale, Kaisergranate, Jakobsmuscheln, kleine gesäuberte Sepien, Kalmare, Octopus), in allen möglichen Kombinationen

½ Zitrone oder Limone

100 g Feldsalat oder ein anderer milder Blattsalat

Salz

Etwa 4 EL feinstes natives Olivenöl extra

FÜR DIE GARNITUR

Zitronen-, Limonen- oder Orangenscheiben oder eine Mischung daraus

Bester Balsamico-Essig (nach Belieben)

Gehackte glatte Petersilie und Schnittlauchröllchen

Für 4 Personen

Fisch und Meeresfrüchte

Lange bevor die Katholiken den fleischlosen Freitag erfanden, schwelgte Rom bereits in den Früchten des Meeres. Im ersten Jahrhundert v. Chr. entwickelten Gourmets die Fischzucht, und in der Blüte des Imperiums wurde Fisch sogar aus dem Schwarzen Meer importiert.

Später zogen die Römer ihren Fisch aus dem Tiber und dem Tyrrhenischen Meer, und noch heute spenden regionale Gewässer die Favoriten der Hauptstadt. *Calamari* oder *totani* (Kalmare) und *polpo* (Octopus) jeden Kalibers sind ebenso beliebt wie *scampi* (Kaisergranate), *gamberi* (Garnelen), *cozze* (Miesmuscheln) und *vongole* (Venusmuscheln). Köche greifen für weißfleischigen Fisch gern zu *orata* (Goldbrassen) und *spigola* (Wolfsbarsch) oder auch zu *rombo* (Steinbutt). *Razza* (Rochen) wird in Rom als *arzilla* ebenso in Ehren gehalten wie die dunkelfleischigen *sgombro* (Makrele) und frischen *alici* (Sardellen).

Restaurants an den Vulkanseen im Norden und Süden Roms bieten Süßwasserfische wie *persico* (Flussbarsch). Früher schwammen sogar Lachse, Störe und Aale im Tiber, heute fischen dort jedoch nur noch Reiher und Kormorane.

LA TIELLA DI GAETA CON LE CIPOLLE

Zwiebelkuchen mit Kräutern

Tiella *bezeichnet in Süditalien eine Backform und ergo auch ihren Inhalt, meist eine würzige Tarte. Die Stadt Gaeta an der Grenze zu Kampanien erlangte einigen Ruhm für ihre* tiella, *eine besondere Art der* torta salata *(eine pikante Tarte). Einst Arme-Leute-Kost, gehören derlei Gerichte heute fest zum Sortiment des Antipasti-Buffets. Die* tiella di Gaeta *gibt es in zahllosen Variationen, darunter mit Sardellen und Tomaten, Endivie und Klippfisch oder wie hier mit Zwiebeln und* scamorza*-Käse. Sie benötigen eine Tarteform mit 30 cm Durchmesser, wobei Form und Größe nicht wirklich entscheidend sind.*

FÜR DEN TEIG

10 g frische Hefe oder 1¼ TL Trockenhefe

315 g Mehl

315 g Semolina (Hartweizengrieß)

½ TL Salz

2 EL natives Olivenöl extra

FÜR DIE FÜLLUNG

3 EL natives Olivenöl extra, plus mehr zum Einpinseln

4 große weiße Zwiebeln (etwa 375 g), in feine Scheiben geschnitten

Salz

Frisch gemahlener Pfeffer

250 g Ricotta, vorzugsweise frisch

180 g geräucherter *scamorza* oder ein anderer mild geräucherter Käse, etwa Provolone, gerieben

Je 1 EL gehackte glatte Petersilie, gehackter Majoran, Thymian und Salbei

3 große Eier

Für 8 Personen

1 Für den Teig die Hefe in einer kleinen Schüssel mit 2 Esslöffeln lauwarmem Wasser verrühren, bis sie sich gelöst hat.

2 Die beiden Mehlsorten mit dem Salz auf eine große Arbeitsfläche sieben und aufhäufen. In die Mitte eine Mulde drücken und die aufgelöste Hefe, das Olivenöl sowie 60 Milliliter lauwarmes Wasser hineingeben. Mit den Fingern oder einer Gabel in kreisenden Bewegungen allmählich das Mehl vom Rand einarbeiten. Dabei nach und nach 250 Milliliter Wasser dazugießen und die Zutaten gleichmäßig zu einem groben Teig verarbeiten. Den Teig etwa 10 Minuten kräftig kneten und auf die Arbeitsfläche schlagen, bis er ganz glatt und geschmeidig ist und nicht mehr an den Händen oder der Arbeitsfläche klebt. Zur Kontrolle ein Stück Teig abschneiden. Zeigen sich kleine Luftbläschen an der Schnittfläche, ist er ausreichend durchwirkt.

3 Den Teig zu einer Kugel formen. In eine große, mit Mehl bestaubte Schüssel legen, die Schüssel mit einem feuchten Tuch bedecken und den Teig an einem warmen Ort etwa 1 Stunde gehen lassen, bis er sein Volumen verdoppelt hat.

4 Inzwischen die Füllung zubereiten: In einer großen Pfanne 2 Esslöffel Olivenöl auf mittlerer Stufe erhitzen. Die Zwiebeln hineingeben, salzen, pfeffern und leise andünsten. Sobald sie nach etwa 8 Minuten braun zu werden beginnen, vom Herd nehmen.

5 Frischen Ricotta abtropfen lassen, wie auf Seite 169 unter Schritt 1 beschrieben. Den Ricotta in einer Schüssel mit dem *scamorza*, den Kräutern, einer Prise Salz und Pfeffer aus der Mühle vermengen. Nacheinander mit einem Holzlöffel die Eier unterschlagen und vor jedem nächsten Ei vollständig in die Masse einarbeiten. Die Zwiebeln mitsamt ihrem Öl unter die Käsemasse rühren.

6 Den Ofen auf 190 °C vorheizen. Eine Tarteform mit 30 cm Durchmesser und etwa 5 cm hohem Rand (oder eine andere geeignete Metallbackform) mit Olivenöl fetten (auch beschichtete Formen einölen).

7 Den Teig zusammendrücken, auf der bemehlten Arbeitsfläche in 2 etwas unterschiedlich große Teile teilen. Den größeren Teil mit einem Wellholz zu einem 2 mm dünnen Kreis von etwa 40 cm Durchmesser ausrollen. Den Teig in die Form einlegen und durch sanften Druck an den Rändern so einpassen, dass der Teig 2,5–5 cm überhängt. Die Zwiebel-Käse-Mischung einfüllen und gleichmäßig verteilen. Mit 1 Esslöffel Olivenöl beträufeln. Den restlichen Teig zu einem 30 cm großen Kreis ausrollen und vorsichtig über die Füllung legen. Überstehenden Teig abschneiden. Die überhängenden Ränder über den Teigdeckel schlagen und sanft andrücken.

8 Die Teigoberfläche mehrmals mit einer Gabel einstechen und leicht mit Olivenöl bestreichen. Die *tiella* 40–45 Minuten backen, bis sie goldbraun und relativ fest ist. Auf einem Gitter abkühlen lassen. In Tortenstücke schneiden und raumtemperiert servieren.

Gaeta liegt an der Grenze zu Kampanien. Also empfiehlt sich ein Wein aus Kampanien.

PRIMI

Eine Hand voll Gemüse, einige Muscheln, etwas Käse, Pfeffer und

ein Schwenk in der Pfanne – schon wird aus Pasta ein *primo piatto.*

Als ersten Gang gibt es in Rom meist Pasta – die meisten Römer sind geradezu süchtig danach. Gnocchi und gehaltvolle Suppen wie *pasta e ceci* genießen einen ähnlichen Status. Ein Tag ohne einen richtigen *primo* als Auftakt grenzt an eine Hungersnot. Das traditionelle Repertoire von einfachsten Saucen aus zerstoßenem Pfeffer und Pecorino bis zu kunstvollsten Ravioli umfasst alle Zutaten und Geschmacksrichtungen. Fast immer auf der Trattoria-Karte sind die beliebten *pasta alla gricia, al pomodore* und *al ragù,* in Luxusrestaurants ist der *primo* dagegen eine Bühne für die Fantasie des Meisters.

PASTA E CECI

Kichererbsensuppe mit Pasta

Pasta mit Gemüse ist in Rom so unvergänglich wie die Stadt selbst. Borlotti-Bohnen, Linsen und Kichererbsen harmonieren wunderbar mit ditalini *(Fingerhüte),* maltagliati *(Fetzen),* quadrucci *(Quadrate) oder wie hier mit zerbrochenen* taglierini *(schmale Bandnudeln). Kultstatus erlangte das Gerichte 1958 durch die Gangsterkomödie »Diebe haben's schwer«* (I soliti ignoti). *Darin durchbrechen ein paar dusselige Diebe nicht die Wand eines Leihhauses wie geplant, sondern die einer Küche, wo zum Trost wenigstens ein Topf* pasta e ceci *auf sie wartete. Dieses Rezept fand sein Vorbild im Ristorante Paris.*

1 Die Kichererbsen verlesen, beschädigte Exemplare und Steinchen aussortieren. Gründlich waschen und in einer großen Schüssel oder einem Topf mit dem Backpulver und 1 Esslöffel Salz vermengen. Mit reichlich warmem Wasser bedecken und zugedeckt über Nacht im Kühlschrank einweichen lassen.

2 Die Kichererbsen abgießen und in einem Topf mit reichlich kaltem Wasser bedecken. 2 Teelöffel Salz und 2 Knoblauchzehen zugeben und zum Kochen bringen. Die Hitze reduzieren (das Wasser soll nur sanft köcheln) und die Kichererbsen unbedeckt in 1–2 Stunden weich köcheln. Die Garzeit hängt vom Alter der Hülsenfrüchte ab. Die Kichererbsen abgießen, mindestens ½ Liter des Kochwassers auffangen.

3 Während die Kichererbsen garen, das Olivenöl in einer kleinen Pfanne auf mittlerer Stufe erhitzen. Den restlichen Knoblauch und den Rosmarin darin etwa 2 Minuten rösten, bis der Knoblauch goldbraun ist. Das Öl durch ein feines Sieb in einen Suppentopf abseihen, Knoblauch und Rosmarin wegwerfen. Die Tomaten mit ihrem Saft, die Kartoffeln, 2 Teelöffel Salz, etwas Pfeffer aus der Mühle und den Chili zugeben und bei schwacher Hitze etwa 15 Minuten garen, bis die Kartoffeln weich sind.

4 Die Kartoffeln mit einer Schaumkelle in eine Schüssel heben und mit einer Gabel zerdrücken. Zurück in den Topf geben, die abgetropften Kichererbsen und 250 Milliliter des Kochwassers (oder leicht gesalzenes Leitungswasser) zufügen und etwa 30 Minuten köcheln lassen, damit sich die Aromen verbinden. (Die Suppe lässt sich bis zu diesem Punkt vorbereiten und hält sich zugedeckt im Kühlschrank bis zu 2 Tage.)

5 Ist die Suppe zu dick, noch etwas Kochwasser oder gesalzenes Leitungswasser zugießen und abschmecken.

6 Inzwischen einen Topf mit reichlich Wasser füllen, zum Kochen bringen und 1 Esslöffel Salz einrühren. Die Pasta hineingeben und fast *al dente* kochen. Die Pasta abseihen, unter die Suppe mengen und unter Rühren noch 1–2 Minuten garen.

7 Die Suppe in eine vorgewärmte Terrine oder in Suppenteller schöpfen, mit Petersilie bestreuen und sofort servieren. Die Pfeffermühle und Olivenöl zum Nachwürzen auf den Tisch stellen.

Servieren Sie dazu einen der attraktiven Roten aus dem Latium, etwa einen Concento aus Shiraz und Cesanese.

500 g getrocknete Kichererbsen

1 EL Backpulver

Salz

6 Knoblauchzehen, zerstoßen

125 ml natives Olivenöl extra, plus mehr zum Servieren

2 EL frisch gehackter Rosmarin

1 Dose (440 g) Eiertomaten

2 Kartoffeln, geschält und längs in schmale Scheiben geschnitten

Frisch gemahlener Pfeffer

1 kleiner getrockneter roter Chili

250 g *taglierini*, in 5 cm lange Stücke zerbrochen

1 EL gehackte glatte Petersilie

Für 4 Personen

LA VIGNAROLA

Frühlingsgemüseeintopf

La vignarola *ist im Frühling ein absoluter Renner, wenn für kurze Zeit die zarten Dicken Bohnen, süßliche junge Erbsen und die regionalen runden Artischocken gemeinsam das Marktbild prägen. Gemeinsam sollen sie auch gegart werden, schwören viele Römer, während andere versichern, jedes Gemüse müsse wie hier bis kurz vor Schluss seine eigene Identität bewahren. Manche halten Dicke Bohnen ohne* guanciale *(Speck) für einen Frevel, andere missionieren für die rein vegetarische Version. Einig ist man sich zumindest, dass sich* la vignarola *sowohl als* primo *wie als leichter Hauptgang und sogar als* contorno *eignet.*

3 Artischocken

1 kg Dicke Bohnen in der Schote

1 kg junge Erbsenschoten

60 g *guanciale* (Seite 101), *pancetta* oder ein anderer durchwachsener Speck, in Streifen geschnitten (nach Belieben)

2 EL natives Olivenöl extra

4 Frühlingszwiebeln (mit den hellgrünen Teilen), in dünne Scheiben geschnitten

Salz

Frisch gemahlener Pfeffer

Für 4–6 Personen

1 Die Artischocken wie für »Geschmorte Artischocken« (Seite 159) zubereiten, aber den Knoblauch weglassen. Beiseite stellen. Die Dicken Bohnen und Erbsen palen und separat beiseite stellen. Bei größeren, reiferen Bohnen in einem Topf reichlich Wasser zum Kochen bringen und die Bohnen darin 20 Sekunden blanchieren. Abgießen und abkühlen lassen. Die Schale der Bohnenkerne am Rand aufschlitzen und die Kerne durch leichten Druck herauspressen. Die Schalen wegwerfen. Bei jungen, zarten Bohnen erübrigt sich das Enthäuten.

2 Wenn Sie *guanciale* verwenden, den Speck in einer Pfanne bei mäßiger Hitze 2–3 Minuten unter Rühren bräunen, bis er etwas Fett abgibt. Für *pancetta* oder anderen Speck 1 Esslöffel Olivenöl erhitzen und ebenso verfahren. Die Hälfte der Frühlingszwiebeln zugeben und unter Rühren in etwa 10 Minuten glasig schwitzen. Die Dicken Bohnen hinzufügen, einige Male umrühren und etwa 125 Milliliter Wasser zugießen. Mit Salz und Pfeffer aus der Mühle würzen. Aufkochen, anschließend die Hitze auf niedrige Stufe stellen und die Bohnen zugedeckt in etwa 20 Minuten weich dünsten. Die Garzeit hängt von der Größe und dem Reifegrad der Bohnen ab. Gelegentlich den Wasserstand im Topf kontrollieren und eventuell noch etwas Wasser nachgießen.

3 Inzwischen in einem anderen Topf 1 Esslöffel Olivenöl erhitzen und die restlichen Frühlingszwiebeln bei mäßiger Hitze in etwa 10 Minuten glasig schwitzen. Die Erbsen einrühren und etwa 125 Milliliter Wasser zugießen. Mit Salz und Pfeffer würzen, kurz aufkochen und zugedeckt auf kleiner Stufe je nach Größe und Reifegrad der Erbsen in etwa 15 Minuten weich dünsten. Nicht übergaren, sonst büßen sie ihre schöne leuchtende Farbe ein.

4 Sobald die Bohnen und Erbsen gar sind, das Gemüse mit der Garflüssigkeit in einem Topf vermengen und beiseite stellen.

5 Die geschmorten Artischocken längs halbieren und jede Hälfte in 4–6 Spalten schneiden. Etwaige harte Blätter oder Heu im Innern herausschaben. Die Artischockenstücke grob hacken und unter das andere Gemüse mengen.

6 Das Gemüse bei milder Hitze zugedeckt 10–15 Minuten erwärmen. Mit etwas Olivenöl beträufeln, in einer vorgewärmten Schüssel oder auf Einzeltellern anrichten und sofort servieren. Und falls Sie so lange warten können: Am nächsten Tag schmeckt *la vignarola* noch viel besser.

Dazu empfiehlt sich ein im Eichenfass gereifter, gut strukturierter Weißwein, etwa ein Cervaro della Sala aus Umbrien.

VIA
DELLE VERGINI
AREA
PEDONALE
percorso attrezzato
per non vedenti
L'ANGOLO DELLA FRUTTA di ROMA ANTICA
MIXED FRUIT
BECK'S
STRONG ALE

CREMA DI ZUCCA CON GAMBERETTI

Kürbispüreesuppe mit Garnelen

Winterkürbisse sind typisch für Norditalien, wo man sie in Risottos oder tortelli di zucca *(gefüllte Pasta) kennt. Doch einige Kürbissorten wie der aromatische dunkelgrüne Marina di Chioggia sind auch auf Roms Gemüsemärkten zu finden und spielten in der traditionellen regionalen Küche eine beständige, wenn auch bescheidene Rolle. Diese Neuauflage eines uralten Rezepts basiert auf einer Kreation des eleganten, trendsetzenden Restaurants Agata e Romeo in Esquilin.*

1 Die Schalotten in dem Olivenöl in einem Topf auf niedriger Stufe erhitzen und unter Rühren in etwa 10 Minuten glasig schwitzen. Das Kürbisfleisch, die Kartoffel und das Lorbeerblatt zugeben, großzügig salzen und pfeffern und mit 750 Milliliter Wasser (bei Bedarf auch mehr) bedecken. Zum Kochen bringen und unter gelegentlichem Umrühren etwa 30 Minuten sanft köcheln lassen, bis das Kürbisfleisch weich ist.

2 Das Lorbeerblatt entfernen und die Suppe etwas abkühlen lassen. Die Suppe (falls nötig in mehreren Durchgängen) in der Küchenmaschine pürieren, bis sie glatt ist. Im Topf wieder auf Serviertemperatur erhitzen. Sie können die Suppe auch mit dem Stabmixer im Topf pürieren. Abschmecken und eventuell nachwürzen.

3 Für die Einlage das Olivenöl in einer kleinen Pfanne auf mittlerer Stufe erhitzen. Die Garnelen einlegen und von beiden Seiten rasch etwa 2 Minuten braten, bis sie sich rosa verfärbt haben. Mit einer Prise Salz und dem Dill oder Fenchelkraut würzen.

4 Die Kürbiscreme auf vorgewärmte Suppenteller schöpfen und die Garnelen gleichmäßig darauf verteilen. Sofort servieren.

Romeo Caraccio von Agata e Romeo empfiehlt zu dieser Suppe einen feinen, körperreichen Chardonnay aus dem Latium oder anderer Herkunft.

2 Schalotten, in dünne Scheiben geschnitten

1 EL natives Olivenöl extra

500 g Winterkürbis (Butternuss-, Eichelkürbis oder Hubbard) oder Riesenkürbis, geschält und in 2,5 cm große Würfel geschnitten (netto etwa 375 g)

1 mittelgroße Kartoffel, geschält und in gut 1 cm große Würfel geschnitten (netto etwa 75 g)

1 Lorbeerblatt

Salz

Frisch gemahlener weißer Pfeffer

FÜR DIE EINLAGE

1 EL natives Olivenöl extra

12 kleine Garnelen (etwa 170 g), geschält und Därme entfernt

Salz

1 TL frisch gehackter Dill oder Fenchelkraut

Für 4 Personen

Die Brunnen und ihr Wasser

Zu Roms typischsten und populärsten öffentlichen Einrichtungen gehören die Brunnen, kunstvoll gestaltet und haushoch wie der Trevi-Brunnen oder schmiedeeisern und hydrantenklein wie die vielen *fontanelle* (kleine Brunnen) an allen Ecken der Stadt. Seit der Antike ist Rom stolz auf sein Wasser. Ohne den Hinweis *non potabile* ist es überall in der Stadt trinkbar, und an heißen Tagen kann es zum Lebensretter werden.

Das ausgeklügelte System von Aquädukten und Brunnen im alten Rom versiegte im Mittelalter, erst die Renaissance brachte es wieder zum Sprudeln. Heute spendet das städtische Wasser allem Möglichen seine wohltuende Wirkung, vom Kaffee in der Bar um die Ecke bis zu Suppen, die dafür sogar eine Brühe verschmähen.

Wer auf *acqua minerale* besteht, kann auf mehrere lokale Optionen zurückgreifen. Fiuggi aus den Bergen östlich von Rom war über Jahrhunderte das berühmteste regionale Mineralwasser. Es soll den Abgang von Nierensteinen fördern, selbst so prominenter wie denen von Michelangelo. Aus den Quellen entlang der Via Appia ist das leicht moussierende Egeria am populärsten.

SPAGHETTI ALLA CARBONARA

Spaghetti mit Speck, Eiern und Käse

Der Streit über den Ursprung dieser Ikone der römischen Küche nimmt kein Ende. Erfanden es die carbonari *(Köhler)? Oder waren es amerikanische GIs, die nach einer Verwendung für ihre Ration Speck und Eier suchten? Oder stammt der Name gar von den kohlschwarzen Punkten des Pfeffers? Wie auch immer, das Geheimnis dieses köstlichen Klassikers liegt im richtigen Timing: Die roh in die Spaghetti gemengten Eier dürfen weder flüssig noch völlig gestockt sein. Variationen des Themas sind Chiliflocken statt Pfeffer, wilder Spargel anstelle von Speck oder gehobelte weiße Trüffel aus Alba.*

180 g *guanciale* (Seite 101), *pancetta* oder Speck, vorzugsweise am Stück oder in $^1/_2$ cm dicke Scheiben geschnitten

1 EL natives Olivenöl extra (nach Belieben)

Salz

500 g Spaghetti

30 g geriebener *pecorino romano* (Hartkäse aus Schafmilch)

30 g geriebener Parmesan, bei Bedarf auch mehr

2 große Eier und 1 großes Eigelb, raumtemperiert

Frisch gemahlener Pfeffer

Für 4–6 Personen

1 Den *guanciale*, die *pancetta* oder den herkömmlichen Speck in etwa 2 cm lange und $^1/_2$ cm dicke Streifen schneiden.

2 In einer großen Pfanne den Speck und das Olivenöl auf mittlerer Stufe erhitzen und etwa 15 Minuten langsam das Fett auslassen, bis der Speck leicht gebräunt ist. Er soll eine schöne goldbraune Farbe annehmen, aber nicht zu knusprig werden. Den Speck mit seinem Fett zugedeckt in der Pfanne beiseite stellen, damit er warm bleibt.

3 Einen großen Topf zu drei Vierteln mit Wasser füllen und auf großer Stufe rasch zum Kochen bringen. 1 Esslöffel Salz einrühren, die Spaghetti hineingeben und in der ersten Garphase häufig, später gelegentlich umrühren. Die Spaghetti nach Packungsanleitung *al dente* kochen.

4 Inzwischen beide Käsesorten in einer Schüssel vermengen. In einer weiteren Schüssel die Eier und das Eigelb gründlich verschlagen. Die Hälfte des Käses einrühren und mit einigen Umdrehungen aus der Pfeffermühle würzen.

5 Von jetzt an sind genaues Timing und die richtige Temperatur entscheidend. Eine große Servierschüssel in die Spüle stellen und ein Sieb hineinsetzen. Die Pasta, sobald sie *al dente* ist, in das Sieb gießen, damit das Kochwasser die Schüssel erhitzt. Das Sieb rasch aus dem Wasser heben und einige Male schütteln. Die abgetropften Spaghetti zu dem Speck in die Pfanne geben und kurz durchschwenken oder -rühren, damit sie das Fett überzieht. Vorsichtig (nicht die Finger verbrennen!) das Kochwasser ausleeren; 250 Milliliter in einem Messbecher auffangen. Die Spaghetti in die heiße Servierschüssel geben und mit einem Holzlöffel die verschlagene Ei-Käse-Masse unterziehen. Kräftig rühren, damit die Pasta gleichmäßig mit Ei überzogen wird. Scheint sie etwas trocken, einen Schuss Kochwasser zugießen. Ist sie zu feucht, eine Extrahand geriebenen Parmesan zugeben. Flockt das Ei aus, waren die Schüssel oder die Pasta zu heiß. Bleibt es zu flüssig, war irgendetwas zu kalt. Bei raumtemperierten Eiern reicht die Hitze der Schüssel in der Regel aus.

6 Die Spaghetti auf vorgewärmten Tellern anrichten und sofort servieren. Den restlichen Käse separat dazu reichen.

Ein echter regionaler Klassiker verdient einen ebensolchen: einen frischen, vollmundigen Frascati Superiore oder Marino DOC.

FEREOLI

RIGATONI CON GUANCIALE E CIPOLLA

Rigatoni mit Guanciale und Zwiebel

Spaghetti all'amatriciana, *eine römische Spezialität mit einer einfachen Sauce aus* guanciale *oder* pancetta, *Tomaten und* pecorino romano, *hat längst den ganzen Globus erobert. Kochen Sie die Sauce* in bianco *(ohne Tomaten), und schon haben Sie das Original, auch bekannt als* alla gricia. *Geben Sie noch eine süße rote Zwiebel aus Tropea und einige grüne Pfefferkörner dazu, und Sie sind im Reich der* cucina creativa *– in diesem Fall eine Inspiration von Angelo Troiani, Miteigentümer und Chefkoch des Ristorante Il Convivio im Herzen Roms.*

1 Die Zwiebel, den Essig, das Olivenöl, den Zucker und 1 Prise Salz bei mäßiger Hitze in einer kleinen Pfanne vermengen und etwa 5 Minuten garen, bis die Zwiebelstreifen weich sind. Gelegentlich umrühren. Beiseite stellen.

2 Inzwischen den *guanciale* oder die *pancetta* in einer großen Pfanne mit hohem Rand bei mittlerer Hitze etwa 15 Minuten knusprig braten. Die Pfanne vom Herd nehmen, die Hälfte der Speckstücke mit einer Schaumkelle herausheben und warm stellen. Die Zwiebelmischung zu dem verbliebenen Speck in die Pfanne geben und auf kleinster Stufe warm halten.

3 Einen großen Topf zu drei Vierteln mit Wasser füllen und auf großer Stufe rasch zum Kochen bringen. 1 Esslöffel Salz einrühren und die Pasta hineingeben. In der ersten Garphase häufiger, später gelegentlich umrühren. Die Pasta nach Packungsanleitung *al dente* kochen. Die Pasta abseihen, abtropfen, aber nicht zu trocken werden lassen, und zu den anderen Zutaten in die Pfanne geben. Die Pfanne vom Herd nehmen und die Pasta gründlich durchschwenken. Den Käse einstreuen und nochmals durchschwenken.

4 Die Pasta in einer vorgewärmten Schüssel oder auf Einzeltellern anrichten, den zurückbehaltenen Speck darauf verteilen, etwas Pfeffer darüber mahlen.

Dazu passt ein tannin- und körperreicher Chianti Classico oder ein Sangiovese.

1 milde rote Zwiebel, in feine Streifen geschnitten

60 ml Weißweinessig

1 EL natives Olivenöl extra

1 TL Zucker

Salz

250 g *guanciale* (siehe rechts) oder *pancetta*, in mindestens ½ cm breite Streifen geschnitten

500 g kurze Pasta wie Rigatoni oder *mezzemaniche*

6 EL geriebener *pecorino romano* (Hartkäse aus Schafmilch)

Frisch gemahlener grüner oder schwarzer Pfeffer

Für 4–6 Personen

Guanciale, Pancetta und Prosciutto

In grauer Vorzeit war es im Latium einfacher, einem Schwein Fett zu entlocken als Oliven. Bauern wie Städter griffen zum Braten und Backen zu Speck statt zu Öl. Die verschiedenen gepökelten oder luftgetrockneten Arten von Schweinefleisch in *spaghetti alla carbonara, all'amatriciana* und *alla gricia* sind ein ferner Nachhall jener Zeit.

Der Name *guanciale* bezeichnet Backenfleisch im Allgemeinen, doch in Mittelitalien versteht man darunter ausschließlich gepökelte Schweinebacke, von Puristen wegen ihres milden Aromas bevorzugt. Das mit Salz und schwarzem oder rotem Pfeffer eingeriebene Fleisch hängt in der typischen dreieckigen Form in jeder römischen *salumeria. Pancetta* (gepökelter Speck) gibt es *arrotolata* (gerollt) oder *tesa* (am Stück). *Pancetta* ist weniger fett und kräftiger im Geschmack und daher besonders in Kombination mit anderen aromatischen Zutaten beliebt.

Prosciutto, luftgetrockneter Schinken, ist, ob milde Sorten wie Parma und San Daniele oder kräftiger *prosciutto di montagna,* ebenfalls zum Kochen geeignet, vor allem, wenn es magerer zugehen soll.

PASTA CON I BROCCOLI

Pasta mit Broccolo romanesco

In Rom bezeichnet broccoli (broccolo *ist die Einzahl) mindestens fünf verschiedene Mitglieder der Brassica-Familie, die sich vor allem in der kalten Jahreszeit in den Küchen der Stadt die Klinke in die Hand geben:* broccoli siciliani *(Brokkoli),* cavolfiore *(Blumenkohl),* cavolo broccolo *(grüner Blumenkohl – es gibt sogar violette Sorten),* broccoletti *(Stängelkohl) und* broccolo romanesco*, ebenfalls eine grüne Blumekohlsorte, die wegen ihrer spitzen Röschen auch Minarettkohl genannt wird. Dieses Rezept verlangt nach Letzterem, die anderen Sorten springen aber gern ein.*

1 großer Kopf *broccolo romanesco* (Minarettkohl) oder 1 kg Brokkoli oder Stängelkohl

Salz

2 EL natives Olivenöl extra, plus mehr zum Servieren

1 Knoblauchzehe, angedrückt

1 kleiner getrockneter roter Chili

6 in Olivenöl eingelegte Sardellenfilets

500 g Penne, Rigatoni oder *conchiglie* (Muscheln)

Für 4–6 Personen

1 Das Gemüse putzen, große und welke Blätter entfernen. Bei *broccolo romanesco* und Blumenkohl den Strunk entfernen und den Kopf in Röschen zerteilen. Bei Brokkoli und Stängelkohl die Blätter und Röschen trennen. Die Enden der Stiele abschneiden. Die dünnen, zarten Stiele in 2,5 cm lange Stücke schneiden, die dickeren Stiele mit einem Sparschäler schälen und in gut 1 cm große Stücke schneiden.

2 In einem großen Topf reichlich Wasser mit 1 Esslöffel Salz bei großer Hitze rasch zum Kochen bringen. Den Kohl hineingeben und in etwa 8 Minuten weich kochen.

3 Das Gemüse mit einem Schaumlöffel herausheben und in einem Sieb abtropfen lassen. Das Kochwasser wird noch zum Garen der Pasta benötigt.

4 In einer großen Pfanne mit hohem Rand 2 Esslöffel Olivenöl erhitzen. Den Knoblauch und Chili zugeben und unter gelegentlichem Rühren etwa 2 Minuten bräunen (darauf achten, dass der Knoblauch nicht verbrennt). Knoblauch und Chili aus der Pfanne nehmen und wegwerfen. Die Sardellen in dem Öl mit einem Holzlöffel zerdrücken, bis sie sich aufgelöst haben. Den gegarten Kohl hinzufügen.

5 Inzwischen das Kochwasser erneut rasch zum Kochen bringen, die Pasta hineingeben und während der ersten Minute häufiger, später gelegentlich umrühren.

6 Während die Pasta kocht, das Gemüse in dem Knoblauchöl behutsam sautieren, größere Stücke mit einem Holzlöffel zerteilen. Ist die Pasta halb gar, eine Kelle der Garflüssigkeit in die Pfanne schöpfen und verkochen lassen. Eine zweite Kelle zugießen und erneut verkochen lassen.

7 Die Pasta nach Packungsanleitung *al dente* kochen. Abseihen, abtropfen, aber nicht zu trocken werden lassen, 250 Milliliter der Garflüssigkeit zurückbehalten. Die Pasta zu dem Gemüse in die Pfanne geben und abseits des Herdes sorgfältig durchschwenken oder -rühren. Scheint die Pasta etwas trocken, noch ein wenig von der Garflüssigkeit untermengen.

8 Die Pasta in einer vorgewärmten Schüssel oder auf tiefen Tellern anrichten. Mit einem Schuss Olivenöl übergießen und sofort servieren.

Dazu passt ein fruchtiger Frascati Superiore.

CONCHIGLIE ALLA CAPRESE

Conchiglie mit Mozzarella, Tomaten und Basilikum

Der Sommer in Rom schmeckt nach Tomaten und Basilikum. Bei den Einheimischen besonders beliebt ist insalata caprese, *Tomaten mit Mozzarella, einem guten Schuss Olivenöl und frischem Basilikum. Es war nur eine Frage der Zeit, bis der populäre Salat zusammen mit Pasta zum* primo piatto *avancierte. Da er sich gut vorbereiten lässt und raumtemperiert serviert wird, hilft er wunderbar aus der ewig gleichen Not des Gastgebers: Wie soll man in der Küche wirbeln und gleichzeitig draußen die Gäste unterhalten?*

1 Kirschtomaten durch den Stielansatz halbieren, größere Tomaten in entsprechend kleine Stücke schneiden. In einer Schüssel mit dem Olivenöl und einem Drittel des Basilikums vermengen. Bei Raumtemperatur beiseite stellen, damit sich die Aromen verbinden. Inzwischen die anderen Zutaten vorbereiten.

2 Den Mozzarella in 2 cm große Würfel schneiden oder grob zerpflücken. Beiseite stellen.

3 In einem großen Topf reichlich Wasser mit 1 Esslöffel Salz bei starker Hitze rasch zum Kochen bringen. Die Pasta hineingeben und während der ersten Minute häufiger, später gelegentlich umrühren. Nach Packungsanleitung *al dente* kochen.

4 Kurz bevor die Pasta fertig ist, die Tomaten mit ½ Teelöffel Salz und etwas schwarzem Pfeffer würzen. Die fertige Pasta abseihen, abtropfen, aber nicht zu trocken werden lassen und in eine Schüssel füllen. Die Tomatenmischung und (falls verwendet) die Sardellen, Kapern, Oliven sowie eine Prise Chiliflocken zugeben und alles gründlich vermengen. Die Pasta noch etwa 5 Minuten abkühlen lassen und den Mozzarella untermischen (der Mozzarella sollte nicht schmelzen).

5 Der Salat lässt sich bis zu 2 Stunden im Voraus zubereiten (aber nicht in den Kühlschrank stellen). In Schalen oder auf Tellern servieren oder in einer großen Schüssel auf das Buffet stellen.

Dazu passt ein spritziger Sauvignon Blanc.

500 g Kirschtomaten oder andere vollreife Tomaten

125 ml natives Olivenöl extra

15 g frische Basilikumblätter, in Stücke gezupft

250 g *mozzarella di bufala* (siehe rechts)

Salz

500 g *conchiglie* (Muscheln) oder andere kurze Pasta

Frisch gemahlener schwarzer Pfeffer

8 in Olivenöl eingelegte Sardellenfilets, grob gehackt (nach Belieben)

1 EL Kapern in Salzlake, gründlich abgespült (nach Belieben)

150 g Gaeta- oder Kalamata-Oliven, entsteint, oder 1 EL schwarze Olivenpaste (nach Belieben)

Rote Chiliflocken (nach Belieben)

Für 4–6 Personen

Mozzarella di bufala

Mozzarella di bufala wird von Hand aus der Milch des Wasserbüffels hergestellt. Jede Kugel des weichen weißen Käses wiegt etwa 500 Gramm und zeigt dort, wo sie von der Masse abgetrennt wurde, eine charakteristische Narbe (*mozzare* bedeutet »abschneiden«). Er wird auch in kleineren Größen und in *trecce* – »in Zöpfen« – angeboten. Der Käse hat ein kräftiges Aroma und eine weiche, aber nicht teigige Konsistenz. Schneidet man ihn auf, rinnen Milchperlen aus seinen Poren.

Schauen Sie nach *mozzarella di bufala campana DOP.* Der meiste stammt aus Kampanien, doch ein Teil der DOP-Region erstreckt sich bis in das südliche Latium. Ähnliche Käsesorten aus Kuhmilch heißen richtig *fior di latte,* werden aber meist Mozzarella oder *mozzarella fresca* genannt.

In Rom greift man häufig zu Mozzarella, in erster Linie zu *fior di latte,* teils aus Kostengründen und weil er beim Schmelzen weniger Flüssigkeit abgibt. Beide findet man auf Pizza, in *insalata caprese* und im traditionellen *mozzarella in carrozza,* einem in Öl gebackenen Mozzarella-Sandwich.

FUSILLI CON I CARCIOFI

Fusilli mit Artischocken

Stellen Sie sich einen Ort vor, an dem der winterliche Frost vom schönsten Licht der Welt gelindert und von so vielen Artischocken auf den Märkten gezähmt wird, dass alle Rezepte der Welt nicht ausreichen. Das ist Rom. Bei diesem Rezept sind Größe und Form der Artischocken unwichtig, es ist sogar ein guter Anlass für die weniger schönen Exemplare. In jedem Fall sollten sie aber zart sein, entfernen Sie also vor dem Garen rigoros alle harten, ungenießbaren Teile und verwenden Sie genügend Pastawasser, damit sie weich und cremig werden. Etwaige Reste sind ideal für eine Frittata geeignet.

1 Zitrone, halbiert

8 Babyartischocken oder 4 große Artischocken

2 EL natives Olivenöl extra, plus mehr zum Servieren

1 Knoblauchzehe, angedrückt

Salz

Frisch gemahlener Pfeffer

60 ml trockener Weißwein oder Wasser

500 g Fusilli, Penne, *mezzemaniche* oder Rigatoni

Für 4–6 Personen

1 Eine Schüssel mit Wasser füllen und den Saft der Zitrone hineinpressen. Die Artischocken nacheinander vorbereiten. Die Enden der Stiele kappen, die dunkle faserige Schale abschälen. Die harten Außenblätter entfernen, bis die zarten, hellen Innenblätter zum Vorschein kommen. Ein kleines, scharfes Messer in die eine Hand, die Artischocke in die andere Hand nehmen und mit einer kreisenden Bewegung gegen die Messerklinge drehen. Artistische Perfektion ist nicht wichtig. Die Hauptsache ist, dass die harten Teile restlos abgeschält werden. Eventuell verbliebene harte Blattspitzen abschneiden, die Artischocken längs halbieren und in höchstens 12 mm dicke Spalten schneiden (Babyartischocken lediglich vierteln). Das Heu aus dem Innern herausschaben und die Artischocken ins Zitronenwasser legen, damit sie sich nicht braun verfärben.

2 In einer großen Pfanne mit hohem Rand 2 Esslöffel Olivenöl auf mittlerer Stufe erhitzen. Den Knoblauch darin unter gelegentlichem Rühren etwa 2 Minuten goldbraun braten. Mit einer Schaumkelle herausheben und wegwerfen.

3 Inzwischen einen Topf zu drei Vierteln mit Wasser füllen und bei starker Hitze zum Kochen bringen.

4 Währenddessen die Artischocken in dem heißen Knoblauchöl etwa 10 Minuten bei mäßig starker Hitze anbraten, bis sie braun und weich zu werden beginnen. Mit Salz und Pfeffer würzen. Gelegentlich umrühren. Die Hitze auf niedrige Stufe reduzieren, den Wein zugießen und zugedeckt etwa 25 Minuten garen, bis die Artischocken ziemlich weich sind. Zwischendurch immer wieder umrühren.

5 Etwa nach knapp der Hälfte der Garzeit der Artischocken 1 Esslöffel Salz in das kochende Wasser rühren, die Pasta zugeben und während der ersten Minute ständig, später gelegentlich umrühren.

6 Nach der Hälfte der Garzeit der Pasta eine Kelle Pastawasser über die Artischocken in die Pfanne schöpfen und verkochen lassen. Eine zweite Kelle zugießen und erneut verkochen lassen. Diesen Vorgang fortsetzen, bis die Pasta gar ist. Gleichzeitig mit einem Holzlöffel die Artischockenstücke leicht zerpflücken. Gelingt dies nicht, noch etwas Pastawasser zugeben und zugedeckt einige Minuten weitergaren lassen.

7 Die Pasta nach Packungsanleitung *al dente* kochen. Abseihen, abtropfen, aber nicht zu trocken werden lassen. Unter die Artischocken mengen und abseits der Kochstelle durchschwenken, bis alles gleichmäßig vermischt ist.

8 Die Pasta auf vorgewärmten Tellern anrichten, mit Olivenöl beträufeln und sofort servieren.

Dazu passt ein milder, fruchtiger Rotwein, ein Cabernet Sauvignon aus dem Latium oder anderer Herkunft.

TONNARELLI CACIO E PEPE

Tonnarelli mit Pecorino und Pfeffer

Pasta, geriebener Käse und schwarzer Pfeffer – klingt einfach. Dabei sind wenige Gerichte aus dem römischen Repertoire kniffliger. Das beginnt schon mit zwei konkurrierenden Schulen: trocken oder feucht? Erstere verlangt eine körnige Konsistenz, Letztere eine cremige Sauce. Tonnarelli *sind eine Art frische, kantig geschnittene Spaghetti, typisch für Rom und ein Nachfahre der* maccheroni alla chitarra, *die auf gespannten Drähten ähnlich einer Gitarre geschnitten werden. Weniger Aufwand machen 500 Gramm getrocknete* spaghetti alla chitarra *oder herkömmliche Spaghetti.*

FÜR DEN NUDELTEIG

475 g Mehl

4 große Eier

Salz

1 TL natives Olivenöl extra

FÜR DIE SAUCE

2 TL schwarze Pfefferkörner

Salz

1 EL natives Olivenöl extra

180 g geriebener *pecorino romano* (Hartkäse aus Schafmilch)

Für 4–6 Personen

1 Für den Nudelteig das Mehl auf der Arbeitsfläche aufhäufen und in die Mitte eine Mulde drücken. Die Eier in die Mulde aufschlagen und ½ Teelöffel Salz und das Olivenöl hineingeben. Mit den Fingern oder einer Gabel nach und nach in einer kreisenden Bewegung das Mehl vom Rand mit den Eiern vermengen und zu einem groben Teig verarbeiten. Auf der bemehlten Arbeitsfläche 10 Minuten kräftig durcharbeiten, bis er glatt und geschmeidig ist. Zu einer Kugel formen, in einer Schüssel mit Frischhaltefolie bedecken und mindestens 30 Minuten bis zu 2 Stunden ruhen lassen.

2 Den Teig in 4 gleich große Portionen teilen. Ein Teigstück mit dem Handballen etwas flach drücken, den restlichen Teig wieder zudecken. Die Walzen einer handbetriebenen Nudelmaschine auf den größten Abstand stellen und den Teig durchdrehen. Bei gleichem Walzenabstand 2 weitere Male durchlassen. Den Abstand der Walzen um eine Stufe verringern. Den Teigstreifen gedanklich dritteln, die äußeren Drittel über das innere schlagen und erneut dreimal auswalzen. Auf die gleiche Weise bis zum drittengsten Walzenabstand fortfahren. Das Teigband auf eine leicht bemehlte Unterlage legen und den Vorgang mit den anderen 3 Teigstücken wiederholen.

3 Die Teigbänder in 30 cm lange Abschnitte schneiden. Die schmalste Schnittwalze in die Maschine einsetzen und die Teigplatten durchdrehen, sodass schmale, kantige Bänder entstehen. Die fertigen Bandnudeln auf einem leicht bemehlten Küchentuch ausbreiten, mit den Fingern auflockern, mit Mehl bestauben und mit einem Küchentuch bedecken.

4 Einen großen Topf mit reichlich Wasser füllen und bei großer Hitze zum Kochen bringen. Inzwischen mit der Zubereitung der Sauce beginnen: Die Pfefferkörner in einer kleinen Pfanne bei schwacher Hitze etwa 5 Minuten rösten, bis sie aromatisch duften. Die Körner im Mörser zerstoßen, sie sollten erheblich gröber sein als in der Mühle gemahlen.

5 Die frische Pasta mit 1 Esslöffel Salz in das kochende Wasser geben und kurz umrühren, damit sie nicht klebt. Die Pasta kochen, bis sie an die Oberfläche steigt, aber noch nicht durchgegart ist (1–2 Minuten bei frischer Pasta). Während die Pasta gart, eine Kelle des Kochwassers und das Olivenöl in eine große, hochwandige Pfanne geben. Eine kleine Hand voll geriebenen Käse einstreuen und kräftig mit einem Schneebesen oder einer Gabel verrühren. Die fertige Pasta mit einer Spaghettigabel oder einem Sieb mit Stielgriff aus dem Wasser heben, kurz abtropfen lassen und in die Pfanne geben. (Wenn Sie die Pasta zuerst abseihen, 375 Milliliter des Kochwassers auffangen und mit in die Pfanne geben.)

6 Die Pfanne bei schwacher Hitze auf den Herd stellen und nach und nach den restlichen Käse, den zerstoßenen Pfeffer und löffelweise so viel Kochwasser zugeben, dass eine cremige Sauce entsteht. Die Pasta etwa 3 Minuten sorgfältig durchheben und schwenken, damit sie gleichmäßig mit der Sauce überzogen wird. Auf vorgewärmten Tellern anrichten und sofort servieren.

Servieren Sie dazu einen jungen, leichten Rotwein, etwa einen Cesanese.

SPAGHETTI ALLE VONGOLE VERACI

Spaghetti mit Venusmuscheln

Bei den meisten vongole veraci *in Rom, zu erkennen an den etwa 4 cm breiten, buntscheckigen Schalen und zwei kleinen »Hörnern« (Siphonalrohre), handelt es sich in Wirklichkeit um gezüchtete Japanische Teppichmuscheln statt um die zunehmend seltenen und teuren heimischen Schaltiere. Am häufigsten wandern sie in* spaghetti alle vongole, *Mitglied der römischen Pasta-Elite wie* carbonara, cacio e pepe *und* gricia, *deren Sauce über den heißen Nudeln entsteht. So einfach es scheint, so schwierig ist es. Gutes Timing, die richtige Temperatur und eine geübte Hand machen den ganzen Unterschied.*

1 kg frische Venusmuscheln, abgebürstet
Salz
60 ml natives Olivenöl extra
2 Knoblauchzehen, angedrückt
1 kleiner getrockneter roter Chili
500 g Spaghetti
2 EL gehackte glatte Petersilie

Für 4–6 Personen

1 Die Venusmuscheln in einer großen Schüssel oder in der Spüle in Salzwasser etwa 30 Minuten wässern. (In der Zwischenzeit die anderen Zutaten bereitstellen.) Muscheln, die an die Oberfläche steigen, wegwerfen, alle anderen gründlich abspülen und in eine große Pfanne füllen.

2 Einen Topf zu drei Vierteln mit Wasser füllen und bei starker Hitze zum Kochen bringen.

3 In einer zweiten großen Pfanne mit hohem Rand das Olivenöl erhitzen. Den Knoblauch und den Chili darin etwa 2 Minuten unter gelegentlichem Rühren rösten, bis der Knoblauch goldbraun ist. Die Pfanne von der Kochstelle nehmen, Knoblauch und Chili wegwerfen. Die Pfanne mit dem Öl beiseite stellen.

4 Sobald das Nudelwasser kocht, die Pfanne mit den Venusmuscheln bei großer Hitze auf den Herd setzen und zudecken. 1 Esslöffel Salz in das Wasser rühren, die Spaghetti hinzufügen und in der ersten Minute beständig, später gelegentlich umrühren.

5 Nachdem die Spaghetti 2 Minuten gekocht haben, den Deckel von den Venusmuscheln abnehmen und die Hitze etwas reduzieren. Die Muscheln jetzt nicht mehr aus den Augen lassen und nur so lange garen, bis sie sich geöffnet haben. Die geöffneten Exemplare mit einer Küchenzange herausnehmen und abgetropft in die Pfanne mit dem Öl legen. Muscheln, die sich nicht öffnen, wegwerfen. Sind alle Muscheln in der zweiten Pfanne, den Garsud abseits des Herdes durch ein mit 2–3 Lagen Mulltuch ausgelegtes Sieb über die Muscheln seihen.

6 Etwa 2–3 Minuten bevor die Spaghetti *al dente* sind, 250 Milliliter des Kochwassers abnehmen und beiseite stellen. Die Pasta abseihen, abtropfen, aber nicht zu trocken werden lassen.

7 Die Pfanne mit den Muscheln bei schwacher Hitze auf den Herd stellen, die Spaghetti zugeben und sorgfältig durchschwenken. Je nach Bedarf 2 oder mehr Esslöffel des Kochwassers zugeben und weitere 2 Minuten durchmischen, bis die Spaghetti *al dente* sind und sich eine cremige Sauce gebildet hat. Die Petersilie und einen Schuss Olivenöl untermischen.

8 Die Spaghetti auf vorgewärmte tiefe Teller verteilen. Da sich die Sauce leicht auf dem Pfannenboden absetzt, den ersten Teller nicht gleich servieren, sondern nach dem Anrichten des dritten Tellers zurück in die Pfanne geben, mit der letzten Portion gründlich vermischen und erneut anrichten. Sofort servieren. Kleine Extrateller zum Ablegen der leeren Muschelschalen dazustellen.

Dazu schmeckt ein eisgekühlter trockener Weißwein, der an einen Tag an einem der schönen Strände des Latium erinnert: Tarquinia DOC oder Cerveteri DOC.

FETTUCCINE AL RAGÙ

Fettuccine mit Fleischsauce

Diese einfache Hackfleischsauce ist ein echter Seelentröster, typisch für römische Trattorias, wo man sie vor allem donnerstags zu Gnocchi serviert. Das römische ragù *enthält mehr Tomaten als Fleisch, im Unterschied zum berühmten Bruder aus Bologna* (ragù alla bolognese). *Auch sind die robusten Fettuccine aus Rom nicht zu verwechseln mit den fast durchsichtigen Tagliatelle aus der Emilia-Romagna. Obwohl eigentlich ein* primo piatto, *eignen sich die herzhaften* fettuccine al ragù *auch als* piatto unico *– als eigenständige Mahlzeit.*

1 Für selbst gemachte Pasta vorgehen, wie auf Seite 109 unter Schritt 1 und 2 beschrieben, den Teig jedoch bis zum vorletzten Walzenabstand auswalzen. In Schritt 3 die Maschine mit der breitesten Schnittwalze bestücken und die Teigplatten in 6 mm–1 cm breite Bänder schneiden. Die fertigen Bandnudeln auf ein bemehltes Küchentuch legen und mit weiterem Mehl bestauben, damit sie nicht kleben.

2 Das Olivenöl in einem großen Topf bei schwacher Hitze erwärmen. Den Sellerie, die Möhre und die Zwiebel darin etwa 5 Minuten anschwitzen, bis sie weich, aber nicht gebräunt sind. Das Hackfleisch zugeben, mit rund ½ Teelöffel Salz sowie Pfeffer würzen und etwa 10 Minuten Farbe nehmen lassen. Etwaige Fleischklumpen mit einem Holzlöffel zerdrücken.

3 Den Wein zugießen und auf großer Stufe zum Kochen bringen. Die Tomaten mit ihrem Saft einrühren und mit dem Kochlöffel zerdrücken. Das Lorbeerblatt einlegen und wieder zum Kochen bringen. Die Hitze reduzieren und unbedeckt etwa 1½ Stunden köcheln lassen, bis die Sauce eingedickt ist. Regelmäßig rühren. Das Lorbeerblatt wegwerfen. Abschmecken.

4 Einen großen Topf zu drei Vierteln mit Wasser füllen und zum Kochen bringen. Das Wasser großzügig salzen, die Fettuccine hineingeben und während der ersten Minute beständig rühren. Die Pasta 2–3 Minuten garen, abseihen, in eine vorgewärmte Schüssel füllen, die Sauce darüber schöpfen und gründlich vermengen. Auf vorgewärmten Tellern servieren. Den Parmesan separat dazu reichen.

Dazu passt ein kräftiger Merlot.

1 Rezeptmenge Nudelteig (Seite 109) oder 500 g frische Fettuccine

2 EL natives Olivenöl extra

1 Stange Bleichsellerie, fein gehackt

1 Möhre, geschält und fein gehackt

1 gelbe Zwiebel, fein gehackt

250 g mageres Rinderhackfleisch

Salz

Frisch gemahlener Pfeffer

60 ml trockener Weißwein

2 Dosen (je 440 g) Eiertomaten, mit ihrem Saft

1 Lorbeerblatt

Geriebener Parmesan zum Servieren

Für 4–6 Personen

Pasta kochen

Egal ob selbst gemacht, getrocknete Importware aus Italien oder frisch von der Pastatheke im Feinkosthandel, gute Pasta beginnt immer mit erstklassiger Qualität. Für die richtige Wassermenge halten sich die Italiener an eine ganz einfache Formel: 1 Liter Wasser pro 100 Gramm Nudeln. Das Wasser bei großer Hitze sprudelnd aufkochen, großzügig grobes Salz zugeben und die Pasta einrühren. Die erste Minute beständig, danach gelegentlich umrühren. Die Zugabe von Öl ist nicht erforderlich. Solange man rührt, verklebt nichts.

Die Nudeln sind gar, sobald sie bissfest *(al dente)* sind. Beginnen Sie bei getrockneter Pasta 2 Minuten vor Ablauf der auf der Packung angegebenen Garzeit den Gargrad zu prüfen. Frische Pasta benötigt meist weniger als 5 Minuten, Gnocchi sind gar, sobald sie an die Oberfläche steigen. Wird die Pasta in der Pfanne fertig gestellt, muss man sie etwas früher abseihen, da sie nachgart. Gegarte Pasta behutsam abseihen – kurze Sorten am besten mit einem Stielsieb, lange Pasta mit einem Spaghettiheber und Ravioli mit einer Schaumkelle aus dem Wasser heben.

RAVIOLI DI PESCE CON POMODORINI

Fischravioli mit geschmorten Kirschtomaten

Klassische römische Ravioli werden mit Ricotta und frischem Spinat oder mit Fleisch gefüllt (Letztere nennt man agnoletti*). Doch eignen sich Ravioli auch ideal zum Experimentieren mit anderen Füllungen wie Wild, Taube, Pilzen oder verschiedenem Käse. Auch unterschiedliche Formen sind erlaubt, Kreise etwa oder Quadrate statt Halbmonden wie hier. Der Clou bei diesen Ravioli aus dem Ristorante Al Presidente nahe dem Trevi-Brunnen ist der klare Fischgeschmack. Die Sauce wird noch aromatischer, wenn Sie die Tomaten bis zu 3 Stunden im 120 °C heißen Ofen schmoren.*

FÜR DIE SAUCE

250–325 g Kirschtomaten

2 EL natives Olivenöl extra

Salz

Frisch gemahlener schwarzer Pfeffer

2 Knoblauchzehen, gehackt

250 ml Fischfond (selbst gemacht oder gekauft)

FÜR DIE FÜLLUNG

2 EL natives Olivenöl extra

1 Lauchstange oder 2 Frühlingszwiebeln, nur die weißen Teile gehackt

375 g Fischfilet (Kabeljau, Steinbutt, Seeteufel) oder Hummerfleisch, in 2,5 cm große Stücke geschnitten

Salz

Frisch gemahlener weißer Pfeffer

1 Rezeptmenge Nudelteig (Seite 109)

1 großes Eigelb, leicht verschlagen

Salz

Frisches Basilikum zum Garnieren

Für 4–6 Personen

1 Den Ofen auf 180 °C vorheizen. Die Tomaten nebeneinander in eine Bratpfanne legen. Mit 1 Esslöffel Olivenöl beträufeln, salzen und pfeffern. Die Tomaten 45–50 Minuten im Ofen schmoren, bis sie weich und verschrumpelt sind. Beiseite stellen. (Dies lässt sich einige Tage im Voraus erledigen; mit Olivenöl übergießen und im Kühlschrank aufbewahren.)

2 Für die Füllung das Olivenöl in einer Pfanne erhitzen. Den Lauch darin in 3–5 Minuten glasig schwitzen. Den Fisch zugeben, die Hitze etwas reduzieren und von allen Seiten 5–10 Minuten sanft garen, bis er nicht mehr durchscheint. Etwas Wasser zugießen, falls der Fisch anhaftet. Am Ende sollte die Pfanne jedoch trocken sein. Salzen und pfeffern. Die Mischung im Mixer grob pürieren und auf einem Teller vollständig abkühlen lassen.

3 Zum Fertigstellen der Sauce den zweiten Esslöffel Olivenöl in einer Pfanne erhitzen und den Knoblauch darin 1–2 Minuten goldgelb rösten. Den Fischfond zugießen, aufkochen und bei mäßiger Hitze etwas einkochen lassen. Die geschmorten Tomaten hinzufügen und etwa 5 Minuten eindicken lassen. Mit Salz und Pfeffer abschmecken und beiseite stellen.

4 Inzwischen den Nudelteig zubereiten, wie auf Seite 109 in Schritt 1 beschrieben. Den Teig wie in Schritt 2 bis zum engsten Walzenabstand auswalzen. Die Teigplatten auf eine bemehlte Arbeitsfläche legen. Mit einem Teigausstecher oder Glas von 6–7,5 cm Durchmesser mindestens 28 Kreise (für 4 Portionen) ausstechen. In die Mitte der Kreise je 1 Teelöffel der Füllung setzen. Die Teigränder mit Eigelb bestreichen und die Kreise halbmondförmig zusammenfalten. Die Ränder zum Versiegeln leicht andrücken. Fertige Ravioli auf ein bemehltes Küchentuch legen.

5 Die Sauce behutsam wieder erwärmen. Einen großen Topf zu drei Vierteln mit Wasser füllen und auf großer Stufe zum Kochen bringen. Großzügig salzen, die Ravioli einlegen und kurz umrühren. Sobald sie nach 1–2 Minuten an die Oberfläche steigen, mit einem Schaumlöffel herausheben und in die Sauce geben. Das Kochwasser aufbewahren. Die Ravioli vorsichtig in der Sauce wenden. Bei Bedarf löffelweise mit Kochwasser auf die gewünschte Konsistenz bringen. Die Ravioli auf einer vorgewärmten Platte oder auf Einzeltellern anrichten und mit der Sauce überziehen. Mit frischem Basilikum garnieren und sofort servieren.

Servieren Sie dazu einen gut strukturierten Weißwein aus dem Holzfass, etwa einen Chardonnay Cervaro aus Umbrien.

ARBONARA

PASTA AL FORNO

Farfalle mit Champignons, Schinken und Erbsen aus dem Ofen

Pasta al forno, *wörtlich »Pasta aus dem Ofen«, können in Rom Cannelloni, Lasagne und eine Menge arbeitsaufwendiger Köstlichkeiten sein, teils im Teigmantel und mit Namen wie* timballo, pasticcio *und* timpano. *Oft sind es aber einfache gebackene Nudeln mit einer Sauce.* Pasta al forno *ist ein typisches sonntägliches Mittagessen in Rom und in der Kombination mit Erbsen, Schinken und Champignons in Béchamelsauce auch an kalten Winterabenden Balsam für die Seele. Erbsen gehören zu den wenigen Produkten, die Römer auch in der Tiefkühltruhe suchen. Frisch spielen sie niemals die zweite Geige.*

500 g frische Champignons

2 EL natives Olivenöl extra

2 Schalotten oder 1 kleine weiße oder gelbe Zwiebel, in dünne Scheiben geschnitten

125 g roher oder gekochter Schinken mit etwas Fett, sehr dünn geschnitten und grob gehackt

Salz

Frisch gemahlener Pfeffer

250 g Tiefkühlerbsen

375 g Farfalle

FÜR DIE BÉCHAMELSAUCE

60 g Butter

45 g Mehl

500 ml Vollmilch

Salz

125 g geriebener Parmesan

1 EL Butter, in kleine Würfel geschnitten

Für 4–6 Personen

1 Den Ofen auf 180 °C vorheizen. Eine Auflaufform mit 2 Liter Fassungsvermögen mit Öl oder Butter gleichmäßig einfetten.

2 Die Stielenden der Pilze kappen; die Stiele direkt an den Hüten abbrechen und beiseite legen. Lamellen an den Hüten mit einem kleinen Messer abschaben, es sei denn, sie sind sehr klein und fest. Die Hüte feucht abreiben, beschädigte oder dunkle Stellen abschälen. Je nach Größe in 6–8 Spalten schneiden. Die Stiele säubern und hacken.

3 In einer großen Pfanne 1 Esslöffel Olivenöl erhitzen und die Schalotten darin etwa 4 Minuten anschwitzen, bis sie etwas Farbe genommen haben. Den Schinken 1 Minute mitschwitzen. Die Mischung mit einer Schaumkelle in einer Schale beiseite stellen.

4 Den zweiten Esslöffel Olivenöl in der gleichen Pfanne auf mittlerer Stufe erhitzen, die Pilze mit den Stielen hineingeben und etwa 8 Minuten sautieren, bis sämtliche ausgetretene Flüssigkeit verdampft ist und die Pilze allmählich Farbe nehmen. Salzen und pfeffern. Sobald sie nach etwa 2 weiteren Minuten goldbraun sind, die Schinken-Zwiebel-Mischung dazugeben, die Erbsen untermengen und einige Minuten weitergaren, damit sich die Aromen verbinden. Die Pfanne beiseite stellen.

5 Einen großen Topf zu drei Vierteln mit Wasser füllen und bei starker Hitze zum Kochen bringen. 1 Esslöffel Salz einrühren, die Farfalle hineingeben und während der ersten Minute der Kochphase ständig, danach gelegentlich umrühren.

6 Während Sie das Wasser erhitzen, die Béchamel zubereiten. Die Butter in einem Topf bei schwacher Hitze zerlassen. Das Mehl einstreuen und unter ständigem Rühren etwa 2 Minuten anschwitzen, bis es Farbe nimmt. Nach und nach unter ständigem Rühren die kalte Milch zugießen und langsam zum Kochen bringen. Beständig weiterrühren, bis die Sauce nach einigen Minuten eindickt. Mit 1 Teelöffel Salz würzen und die Erbsen-Pilz-Mischung unterrühren.

7 Die Farfalle, 1–2 Minuten bevor sie *al dente* sind, abseihen, abtropfen, aber nicht zu trocken werden lassen. Unter die Sauce mischen und 30 Gramm des Käses unterziehen. In die Auflaufform füllen, mit dem restlichen Käse bestreuen und die Butterstückchen darauf verteilen. (Bis hierhin lässt sich das Gericht gut vorbereiten und zugedeckt im Kühlschrank bis zu 2 Tage aufbewahren. Vor dem Backen Raumtemperatur annehmen lassen.)

8 Die Farfalle etwa 15 Minuten backen, bis der Käse geschmolzen ist. In der Form sehr heiß servieren.

Servieren Sie dazu einen kräftigen Sangiovese oder Merlot aus dem Latium, Umbrien oder der Toskana.

GNOCCHI AL GORGONZOLA CON RADICCHIO

Kartoffelgnocchi mit Gorgonzola und Radicchio

Donnerstag ist Gnocchitag in Rom – obwohl kein Gesetz die Zubereitung der zarten Kartoffelklößchen an anderen Tagen verbietet. Gegessen werden sie meist mit Tomatensauce, ragù (Seite 113) oder mit irgendetwas Originellem wie verschiedenen Käsesorten oder Fisch. Gnocchi mit Gorgonzola, jenem cremigen Blauschimmelkäse aus der Lombardei, ist eine ungemein leckere, in ganz Italien populäre Kombination. Der Radicchio steuert ein paar Farbtupfer und eine bittere Note bei. Eine handliche Kartoffelpresse, unverzichtbar für die Gnocchi-Zubereitung, verleiht den Kartoffeln die lockere Konsistenz.

FÜR DIE GNOCCHI

315 g Mehl, plus mehr nach Bedarf

1 kg mehlig kochende Kartoffeln

2 EL Salz

FÜR DIE SAUCE

180 g Radicchioblätter, grob in Streifen geschnitten

1 EL natives Olivenöl extra

Salz

Frisch gemahlener Pfeffer

125 g milder Gorgonzola, in kleine Stücke zerteilt

60 ml Sahne

60 g geriebener Parmesan

1 EL gehackte glatte Petersilie (nach Belieben)

Für 4–6 Personen

1 Für die Gnocchi das Mehl in einer Schüssel am Rand der sauberen Arbeitsfläche bereitstellen. Ein Tablett oder Blech mit einem Küchentuch bedecken, mit Mehl bestauben und neben dem Herd platzieren. Ein zweites sauberes Küchentuch bereitlegen.

2 Die ungeschälten Kartoffeln in einem Topf mit reichlich kaltem Wasser bedecken, salzen und zugedeckt zum Kochen bringen. In etwa 30 Minuten sehr weich kochen. Die Kartoffeln abgießen und pellen, solange sie noch heiß sind, und sofort durch die Kartoffelpresse auf die Arbeitsfläche drücken.

3 Nach und nach mit den Händen das Mehl in die Kartoffelmasse einarbeiten, bis der Teig geschmeidig ist und nicht mehr klebt. Nötigenfalls die Mehlmenge etwas erhöhen. Die Hände und die Arbeitsfläche mit Mehl bestauben, jeweils eine Hand voll Teig abnehmen und zu Strängen von etwa 12 mm Durchmesser ausrollen. Die Stränge quer in 2 cm lange Stücke schneiden und mit den Zinken einer Gabel andrücken, sodass ein Muster entsteht. Falls nötig, auch die Gabel mit Mehl bestauben. Die Gnocchi nebeneinander auf das bemehlte Küchentuch legen (sie dürfen sich nicht berühren).

4 Für die Sauce in einer großen Pfanne mit hohem Rand die Radicchiostreifen mit dem Olivenöl und 2 Esslöffeln Wasser auf mittlerer Stufe erhitzen. Salzen, pfeffern und unter Rühren etwa 5 Minuten garen, bis der Salat zusammenfällt. Bei Bedarf löffelweise noch etwas Wasser zugeben, damit die Blätter nicht am Pfannenboden kleben. Den Radicchio mit einer Schaumkelle in eine Schüssel heben und beiseite stellen. Die Pfanne wird noch gebraucht.

5 Einen großen Topf zu drei Vierteln mit Wasser füllen und bei starker Hitze zum Kochen bringen. Das Wasser großzügig salzen.

6 Die Pfanne bei schwacher Hitze wieder auf den Herd stellen, den Gorgonzola hineingeben und mit einem Holzlöffel verrühren, bis der Käse zu schmelzen beginnt. Unter Rühren die Sahne zugießen und den Radicchio untermengen.

7 Die Gnocchi nach und nach in das kochende Wasser geben und gar ziehen lassen; den Garprozess ständig im Auge behalten. Gnocchi, die nach etwa 3 Minuten an die Oberfläche steigen, mit einem Schaumlöffel herausheben, in die Sauce einlegen und vorsichtig darin wenden. Sobald sämtliche Gnocchi in der Sauce sind, den Parmesan untermengen und nach Belieben mit Petersilie bestreuen.

8 Die Gnocchi auf einer vorgewärmten Platte oder auf Einzeltellern anrichten und sofort servieren.

Dazu passt ein kräftiger aromatischer Weißwein, zum Beispiel ein Malvasia.

PIZZA CON PEPERONI, POMODORI, E ALICI

Pizza mit gerösteten Paprika, Tomaten und Sardellen

Wenn Römer eine neue Bekanntschaft machen, heißt es oft: »Wir können uns ja mal auf eine Pizza treffen.« In jeder Gegend Roms gibt es mindestens eine Pizzeria. Die besten haben Holzfeueröfen, die doppelt so heiß werden wie ein durchschnittlicher Küchenofen. Ganz zu schweigen von den geschickten pizzaioli *(Pizzabäckern), die in Windeseile einen Klumpen Teig in einen dünnen, runden und tellergroßen Fladen verwandeln. Pizza ist ein ideales Versuchsfeld für alle möglichen Beläge. Probieren Sie ruhig auch einmal verschiedene Pilz- oder Käsesorten oder Mozzarella, Schinken und Rucola.*

1 Für den Teig die Hefe mit 2 Esslöffeln lauwarmem Wasser verrühren, bis sie sich gelöst hat, und etwa 3 Minuten stehen lassen.

2 Die beiden Mehlsorten mit dem Salz auf eine große Arbeitsfläche sieben, aufhäufen und in die Mitte eine Mulde drücken. Die aufgelöste Hefe, das Olivenöl und 60 Milliliter lauwarmes Wasser hineingeben. Mit den Fingern oder einer Gabel in kreisenden Bewegungen allmählich das Mehl vom Rand einarbeiten. Dabei nach und nach 250 Milliliter lauwarmes Wasser in die Mulde gießen und die Zutaten zu einem groben Teig verarbeiten. Den Teig etwa 10 Minuten kräftig kneten und immer wieder auf die Arbeitsfläche schlagen, bis er glatt und geschmeidig ist und nicht mehr klebt. Schneidet man ihn an, sollten sich kleine Luftbläschen an der Schnittfläche zeigen.

3 Den Teig mit einem feuchten Tuch bedecken und 5 Minuten ruhen lassen. Anschließend in 4 gleich große Portionen teilen und zugedeckt bei Raumtemperatur etwa 2 Stunden gehen lassen, bis er sein Volumen verdoppelt hat.

4 Bei Verwendung frischer Tomaten für den Belag den Ofen auf 180 °C vorheizen. Die Tomaten nebeneinander in eine Bratpfanne legen, mit 2 Esslöffeln Olivenöl beträufeln und mit Salz und Pfeffer würzen. Im Ofen 45–50 Minuten rösten, bis die Tomaten weich und leicht verschrumpelt sind. Beiseite stellen.

5 Den Backofengrill vorheizen. Die Paprikaschoten auf ein Blech legen und in 15 cm Abstand von der Hitzequelle in den Ofen schieben und 10–15 Minuten von allen Seiten grillen, bis die Haut Blasen wirft und schwarz wird. Darauf achten, dass das Fruchtfleisch nicht verbrennt. Die Paprika in eine Papiertüte geben, verschließen und abkühlen lassen. Den Stielansatz der Paprika herausschneiden und die Haut abziehen. Die Schoten der Länge nach aufschneiden, die Samen und Scheidewände entfernen. Das Fruchtfleisch längs in 1 cm breite Streifen schneiden. Beiseite stellen.

6 Einen Pizzastein oder eine unglasierte Keramikplatte auf einem Gitterrost in die unterste Einschubleiste schieben und den Ofen auf 260 °C vorheizen. Die Arbeitsfläche leicht mit Mehl bestauben. Einen Teigkloß darauf legen, die restlichen zugedeckt lassen. Den Teigkloß abschlagen und zu einem Fladen flach drücken. Wenden, mit weiterem Mehl bestauben und mit einem Wellholz oder den Händen zu einem Kreis von 30 cm Durchmesser formen. Wiederholt wenden und ausreichend mit Mehl bestauben.

7 Eine Pizza- oder Backpfanne mit Semolina bestauben und den Teig behutsam einlegen. Gleichmäßig ein Viertel der Tomaten oder des Tomatenpürees darauf verteilen und mit 1 Esslöffel Olivenöl beträufeln. Die Pizza auf den Pizzastein oder die Keramikplatte setzen und etwa 5 Minuten backen, bis der Teig goldbraun zu werden beginnt. Ein Viertel des Mozzarellas, der Paprikastreifen und Sardellen darauf verteilen und weitere etwa 5 Minuten backen, bis der Käse geschmolzen und der Teig goldbraun und knusprig ist. Inzwischen die anderen 3 Pizzas vorbereiten. Jede fertige Pizza sofort servieren.

Dazu einen jungen lokalen Merlot reichen.

FÜR DEN TEIG

1¼ TL Trockenhefe

315 g Mehl

315 g Semolina (Hartweizengrieß), bei Bedarf auch mehr

½ TL Salz

2 EL natives Olivenöl extra

FÜR DEN BELAG

500 g ganze Kirschtomaten oder 180 ml pürierte Eiertomaten aus der Dose

6 EL natives Olivenöl extra

Salz

Frisch gemahlener Pfeffer

2 rote Paprikaschoten

500 g frischer Mozzarella, in Scheiben geschnitten, gut abgetropft und trockengetupft

12 in Olivenöl eingelegte Sardellen

Ergibt 4 Pizzas

SECONDI

Frischer Fisch, würziger Ochsenschwanz oder saftiges Lammfleisch

mit Rosmarin – der römische Hauptgang ist Geschmack pur.

Was könnte Fisch besser zur Geltung bringen, als ihn im Ganzen mit Kartoffelscheiben zu backen? Und was könnte zartem Lammfleisch besser bekommen, als es mit nichts als frischem Rosmarin sanft zu schmoren? Hierin liegt die viel zitierte Schlichtheit des römischen *secondo piatto,* des Fleisch- oder Fischgangs. Doch nicht alles ist so klar und geradlinig. *Saltimbocca alla romana,* dünne gebratene Kalbsschnitzel mit Salbei und Schinken, oder gefüllte Zucchini, diese beiden Evergreens geben sich da schon etwas komplexer. Auch herzhafte Schmor- und Bratengerichte gehören zum lokalen Küchenrepertoire.

SALTIMBOCCA ALLA ROMANA

Kalbsschnitzel mit Schinken und Salbei

Saltimbocca *bedeutet »spring in den Mund«, eine mundwässernde Garantie für ganz besonderen Genuss. Es kursieren auch andere Versionen von* saltimbocca *in Italien, doch der Zusatz* alla romana *identifiziert sie immer als dünne Kalbsschnitzel mit* prosciutto *und frischem Salbei, einem typisch römischen Küchenkraut. Bei manchen Rezepten werden die Zutaten zusammengefaltet, bei anderen zu kleinen* involtini *(Rouladen) gerollt. Meist aber werden Salbei und Schinken wie hier schlicht mit einem Zahnstocher am Fleisch befestigt.*

1 Die Kalbsschnitzel mit einem Plattiereisen etwas flach (aber nicht papierdünn) klopfen. Den Schinken so zurechtschneiden, dass die Scheiben etwas kleiner sind als die Schnitzel. Jedes Schnitzel mit 1 Scheibe Schinken bedecken, 1 Salbeiblatt darauf legen und mit einem Zahnstocher am Fleisch befestigen.

2 Das Mehl in einer flachen Schale ausbreiten. Die Butter in einer großen Pfanne auf mittlerer Stufe zerlassen. Die Kalbsschnitzel von beiden Seiten sparsam mit Mehl bestauben; überschüssiges Mehl abklopfen. Das Fleisch mit der Schinkenseite nach unten in die Pfanne einlegen und etwa 1 Minute sanft anbraten. Je nach Pfannengröße in mehreren Durchgängen arbeiten. Die Schnitzel wenden und von der anderen Seite ebenfalls 1 Minute anbraten. Pfeffern und je nach Salzgehalt des Schinkens etwas salzen. Die Hitze reduzieren und weitere 4–5 Minuten braten, bis das Fleisch durchgegart und goldbraun ist.

3 Die fertigen Kalbsschnitzel auf einer vorgewärmten Platte lose mit Alufolie bedecken, damit sie warm bleiben. Sind sämtliche Schnitzel fertig gebraten, die Temperatur erhöhen. Den Wein in die Pfanne gießen und zum Kochen bringen. Den größten Teil der Flüssigkeit verkochen lassen und dabei den Bratensatz vom Pfannenboden losrühren. Die Sauce über die Kalbsschnitzel ziehen und servieren.

Reichen Sie dazu einen würzigen Weißwein, etwa einen Fiano di Avelino.

12 Kalbsschnitzel (500 g), je ½ cm dick

12 sehr dünne Scheiben roher Schinken (125 g)

12 frische Salbeiblätter

Mehl zum Bestauben

2 EL Butter

Frisch gemahlener Pfeffer

Salz

125 ml trockener Weißwein

Für 4 Personen

Römische Küchenkräuter

In Rom ist frischer Rosmarin *(rosmarino)* zu Bratenfleisch geradezu obligatorisch, meist gibt der Metzger sogar ein paar Zweige gratis dazu. Auch Ofenkartoffeln sind ohne Rosmarin und Knoblauch irgendwie nackt. Verwendet werden nur frische Kräuter, außer Lorbeer, der auf vielen Balkonen wächst und nach Bedarf gepflückt und in der Küche getrocknet wird.

Die römische Küche ist nicht scharf, lässt man den sporadischen Einsatz von roten Chilis einmal außer Acht. Kräuter werden einzeln verwendet oder höchstens mit Petersilie gemischt. Dieses Rezept verlangt nach *salvia* (Salbei), ein in der Regionalküche häufiges Kraut. Fragen Sie auf dem Markt nach Minze, erkundigt man sich gleich: »Für Artischocken oder Kutteln?« Für *carciofi alla romana* nimmt man nämlich *mentuccia* (Poleiminze), auch *nepitella* genannt, während die *menta romana,* eine Art Grüne Minze, für *trippa alla romana* und sonst nichts zum Einsatz kommt.

Basilikum ist ein typisches Sommerkraut und wird als Hauptzutat bei *spaghetti con pomodoro e basilico* und so beliebter »Importe« wie *insalata caprese* und pesto alla genovese verwendet.

PESCE AL FORNO CON LE PATATE

Gebackener Fisch mit Kartoffelscheiben

Frischem Fisch, so die kluge Ansicht der Römer, gebührt die Ehre einer schnörkellosen Zubereitung ohne verfälschendes Beiwerk. An das Fehlen von Sauce und kräftigen Gewürzen muss sich manch einer erst gewöhnen, doch der Fisch belohnt es mit unerreicht feinem Aroma und zarter Konsistenz. Das Rezept ist ganz einfach und lässt genügend Raum zum Variieren. Probieren Sie Knoblauch und Rosmarin oder andere Kräuter statt Zwiebeln und Petersilie; oder Kirschtomaten und Majoran. Sie können auch Fischfilet verwenden. In Rom greift man oft zu orata *(Goldbrassen),* spigola *(Wolfsbarsch) oder* dentice *(Zahnbrassen).*

Etwa 2 EL natives Olivenöl extra

750 g fest kochende Kartoffeln, geschält und quer in 3 mm dicke Scheiben geschnitten

Salz

1 oder 2 ganze Fische (Wolfsbarsch, Steinbutt, Goldbrassen oder Kabeljau; insgesamt 1,25–1,5 kg), mit Kopf und Schwanz, gesäubert

1 Zweig glatte Petersilie

4 Zitronenscheiben (nach Belieben)

Frisch gemahlener weißer Pfeffer

4 weiße oder gelbe Zwiebeln, in Scheiben geschnitten

Feinstes natives Olivenöl extra zum Servieren

Für 4 Personen

1 Den Ofen auf 230 °C vorheizen. Eine flache, ofenfeste Form, die ausreichend Platz für den Fisch bietet (Sie können ihn auch diagonal hineinlegen), mit etwas Olivenöl einstreichen.

2 Die Kartoffelscheiben auf dem Formboden verteilen, salzen und mit etwas Olivenöl beträufeln. Die Kartoffeln im Ofen etwa 45 Minuten backen. Nach der Hälfte der Garzeit wenden. Zwischendurch darauf achten, dass sie nicht festkleben.

3 Inzwischen den Fisch von innen und außen gründlich waschen und trockentupfen. Die Petersilie und die Zitronenscheiben (falls verwendet) in die Bauchhöhle stecken und den Fisch mit Salz und Pfeffer würzen.

4 Sobald die Kartoffeln braun zu werden beginnen, die Form aus dem Ofen nehmen und die Temperatur auf 120 °C reduzieren. Die Kartoffeln mit einem Spatel an den Rand der Form schieben, um Platz für den Fisch zu schaffen. Die Zwiebelscheiben unter die Kartoffeln mengen und den Fisch einlegen. Mit weiterem Olivenöl übergießen. Den Fisch im Ofen backen, bis das Fleisch an der dicksten Stelle nicht mehr durchscheint (etwa 1 Stunde bei 1 großen Fisch und 30–45 Minuten bei 2 kleineren Fischen).

5 Den Fisch mit den Kartoffeln und Zwiebeln auf eine Platte heben. Den Fisch filetieren und mit je einem Teil der Kartoffeln und Zwiebeln auf vorgewärmten Tellern anrichten. Den Kopf oder die Köpfe für echte Kenner am Tisch reservieren. Feinstes Olivenöl (am besten in der Flasche) zur Selbstbedienung auf den Tisch stellen.

Ein Chardonnay oder Frascati Superiore ohne Holz unterstreicht am besten den feinen Fischgeschmack.

ALBERGO
CHANGE

PETTI DI POLLO IN PADELLA

Gebratene Hähnchenbrust mit Kräutern

Hähnchenbrüste, die jeder römische Metzger bereitwillig für seine Kunden auslöst, sind als schnelle Mahlzeit für zu Hause beliebt. Ein Zweig Rosmarin, den es gern gratis dazugibt, ein Schuss Wein, und fertig ist das Essen. Dieses Rezept erfordert allerdings ein gewisses Maß an Vorausplanung, da das Fleisch mariniert wird. Es illustriert auch ein wichtiges Prinzip der italienischen Küche: Saucen erfordern keine übermäßig aufwendigen Fonds. Wollen Sie Zeit sparen, können Sie auch zu einem Fond aus dem Glas greifen. Die meisten Italiener würden sich selbst bei einem Brühwürfel nicht genieren.

4 Hähnchenbrusthälften ohne Haut und Knochen

FÜR DEN FOND

2 Hähnchenflügel

1 Möhre

1 kleine Selleriestange

1 kleine gelbe Zwiebel

Salz

Frisch gemahlener schwarzer oder grüner Pfeffer

FÜR DIE MARINADE

60 ml natives Olivenöl extra

1 EL Balsamico-Essig

1 EL frisch gehackter Rosmarin

1 Lorbeerblatt, zerbröselt

Salz

Frisch gemahlener schwarzer oder grüner Pfeffer

Für 4 Personen

1 Die kleinen Filets unterhalb der Brusthälften entfernen und für einen anderen Zweck zurücklegen.

2 Für den Fond die Hähnchenflügel, die Möhre, den Sellerie, die Zwiebel, ½ Teelöffel Salz und etwas Pfeffer in einem Topf mit 500 Milliliter Wasser bedecken. Bei starker Hitze zum Kochen bringen; den sich an der Oberfläche absetzenden Schaum abschöpfen. Die Hitze auf mittlere Stufe reduzieren und unbedeckt etwa 10 Minuten köcheln lassen, bis die Flüssigkeit auf die Hälfte eingekocht ist. Durch ein feines Sieb passieren, abkühlen lassen und bis zur weiteren Verwendung zugedeckt in den Kühlschrank stellen. Kurz vor Gebrauch das an der Oberfläche erstarrte Fett abheben und wegwerfen. Alternativ können Sie auch Hühnerfond aus dem Glas (430 Milliliter) verwenden: Den Fond zum Kochen bringen und unbedeckt etwa 6 Minuten auf die Hälfte einkochen lassen.

3 Während der Fond kocht, das Olivenöl, den Essig, Rosmarin, Lorbeerblatt sowie ½ Teelöffel Salz und etwas Pfeffer in einer flachen Schüssel gründlich verrühren. Die Hähnchenbrüste in der Marinade wenden. Zugedeckt im Kühlschrank etwa 2 Stunden marinieren lassen. Zwischendurch gelegentlich wenden.

4 In einer Pfanne 1 Esslöffel der Marinade erhitzen. Die Hähnchenbrüste einlegen und von beiden Seiten jeweils 5 Minuten braun anbraten. Die Hitze etwas reduzieren und das Fleisch von jeder Seite weitere etwa 5 Minuten garen, bis der beim Einstechen mit einer Messerspitze austretende Saft klar ist. Bei sehr fleischigen Hähnchenbrüsten die Pfanne zudecken und die Garzeit um einige Minuten verlängern.

5 Die Hähnchenbrüste auf einem Tranchierbrett 2–3 Minuten ruhen lassen. Die Brüste mit einem scharfen Messer quer zur Faser in etwa 1 cm dicke Scheiben schneiden und auf einer Platte anrichten.

6 Den Hühnerfond in die Pfanne gießen und bei starker Hitze aufkochen. Etwas einkochen lassen, dabei mit einem Holzspatel den Bratensatz vom Pfannenboden losrühren. Mit Salz und Pfeffer abschmecken. Das Fleisch mit der Sauce übergießen und sofort servieren.

Dazu passt ein Frascati Superiore oder einer der IGT-Weißweine aus dem Castelli Romani.

BACCALÀ IN GUAZZETTO

Klippfisch mit Rosinen und Pinienkernen in Tomatensauce

Italien hat eine reiche Kollektion an Klippfischrezepten, und auch Rom leistet dazu zwei wichtige Beiträge: dieses Rezept, auch baccalà alla romana *genannt, und Klippfischfilets im Backteig, die man als Antipasto mit* fiori di zucca *in vielen Pizzerias oder als Teil eines* fritto misto *in Restaurants für jüdische Spezialitäten kennt. Diese Version mit Rosinen und Pinienkernen ist vermutlich von Sizilien aus nach Norden gelangt. Wie Frischfisch hat Klippfisch vor allem an fleischlosen Freitagen Bereitschaft. Viele Händler wässern ihn sogar im Voraus, damit er am Freitagmorgen gleich in den Kochtopf wandern kann.*

750 g Klippfischfilet

60 ml natives Olivenöl extra

180 g weiße Zwiebeln, in sehr dünne Scheiben geschnitten

2 EL Pinienkerne

2 gehäufte EL Rosinen, 10 Minuten in warmem Wasser eingeweicht, abgetropft und ausgedrückt

375 ml pürierte Tomaten

Für 4 Personen

1 Den Klippfisch gründlich unter fließendem kaltem Wasser abspülen. In einer großen Schüssel mit kaltem Wasser bedecken und 24 Stunden im Kühlschrank wässern. Zwischendurch das Wasser drei- bis viermal wechseln. Den Klippfisch abtropfen lassen und abtrocknen. Die Filets längs halbieren und dann quer in 5–7,5 cm breite Stücke schneiden. Etwaige Gräten oder Hautreste entfernen. Beiseite stellen.

2 Das Olivenöl in einer großen Pfanne auf mittlerer Stufe erhitzen und die Zwiebeln darin 8–10 Minuten goldbraun anbraten. Den Klippfisch zugeben und in etwa 8 Minuten von allen Seiten braun anbraten.

3 Die Pinienkerne, Rosinen und die pürierten Tomaten hinzufügen, die Hitze auf niedrige Stufe reduzieren und zugedeckt etwa 20 Minuten köcheln lassen, bis der Fisch schön zart ist. Zur Garprobe mit einer Gabel einstechen. (Bis hierhin lässt sich das Gericht gut vorbereiten. Abkühlen lassen und zugedeckt in den Kühlschrank stellen. Am nächsten Tag langsam wieder erwärmen.)

4 Den Klippfisch mit der Sauce in einer vorgewärmten Schüssel anrichten und sofort servieren.

Dazu passt ein gut gekühlter Chardonnay aus der Region um Rom oder aus dem Süden, zum Beispiel Sizilien.

STRACCETTI DI MANZO CON RUGHETTA

Rindergeschnetzeltes mit Rucola

Diese einfache Zubereitung aus sautierten Rindfleischstreifen hat etwas Dekadentes. Populär wurde sie während des Rucola-Booms Ende der 1980er-Jahre. Inzwischen ist die Leidenschaft etwas abgekühlt, und sowohl straccetti *als auch* rughetta *haben längst ihren Stammplatz im Standardprogramm der Trattorias. Der Name* straccetti, *»kleine Lumpen oder Fetzen«, lässt vermuten, dass hier die Armut Pate gestanden hat, dabei wird zartestes Rinderfilet verwendet und mit dem berühmten Balsamico aus der Emilia-Romagna aromatisiert.*

1 Noch ungeschnittenes Fleisch 20 Minuten ins Tiefkühlfach legen, so lässt es sich leichter schneiden. Das Fleisch anschließend mit einem scharfen Messer so dünn wie möglich in Scheiben schneiden. Die Scheiben mit den Händen oder einer Gabel längs zur Fleischfaser in mundgerechte »Fetzen« zerpflücken. Das Fleisch mit 4 Esslöffeln Olivenöl in eine Schüssel geben, salzen, pfeffern und gründlich vermengen. Bei Raumtemperatur etwa 15 Minuten ruhen lassen. Inzwischen auf einer Platte oder Einzeltellern ein Bett aus Rucola ausbreiten.

2 Die restlichen 2 Esslöffel Olivenöl in einer Pfanne auf mittlerer Stufe erhitzen. Die Pilze hineingeben, die Temperatur erhöhen und etwa 10 Minuten braten, bis die ausgetretene Flüssigkeit vollständig verdampft ist. In einer Schüssel beiseite stellen.

3 Die Hälfte des Olivenöls von dem Rindfleisch in derselben Pfanne erhitzen. Das Fleisch hineingeben, salzen, pfeffern und unter ständigem Rühren etwa 4 Minuten von allen Seiten bräunen. Den Wein und die Butter zugeben und in etwa 3–4 Minuten auf die Hälfte einkochen lassen. Die mit Mehl bestaubte Butter sorgt für eine cremige Konsistenz der Sauce. Die Pilze untermischen und kurz erwärmen. Von der Kochstelle nehmen und den Essig unterrühren.

4 Das Fleisch und die Pilze mit ihrer Sauce über den Rucola schöpfen und sofort servieren.

Dazu passt ein Merlot IGT aus dem Latium.

500 g Rinderfilet (oder Roastbeef), vom Metzger in hauchdünne Scheiben geschnitten

6 EL natives Olivenöl extra

Salz

Frisch gemahlener Pfeffer

Etwa 60 g Rucola, harte Stiele entfernt

180–220 g frische Pilze (Champignons, Steinpilze, Pfifferlinge oder eine Mischung daraus), geputzt und in kleine Spalten geschnitten

125 ml trockener Weißwein

1 EL Butter, in etwas Mehl gewendet

2 TL Balsamico-Essig

Für 4–6 Personen

Pilze

Italiens Reich der Speisepilze unterteilt sich in Kultur- und Wildpilze. Die Zuchtpilze werden vom Champignon angeführt, der frisch in Scheiben geschnitten auf *pizza ai funghi* landet oder *trifolati* zubereitet wird, mit Knoblauch und Petersilie sautiert. Die ähnlichen dunkelbraunen *cremini* (braune Egerlinge) findet man ebenfalls auf Roms Märkten. Die saftigen blassbraunen Austernpilze, in Rom *pleos* genannt, aber auch als *geloni* bekannt, gibt es gezüchtet wie auch als Wildpilz, sie ersetzen zuweilen den Champignon.

Der König der Wildpilze ist der Steinpilz *(porcino)*, der frisch oder getrocknet angeboten wird. Die schönsten Exemplare werden mit Knoblauch und Öl gebraten oder gebacken und als *secondo* oder über Fettucine serviert. Die eleganten, eierförmigen Kaiserlinge *(ovoli)* laufen dem Steinpilz jedoch inzwischen den Rang ab. Früher wuchsen sie so zahlreich, dass sie sogar einer Frittata würdig waren. »Zu wertvoll zum Kochen«, sagt man heute und verspeist den begehrten Pilz roh mit fein geschnittenem Sellerie, Parmesan und Olivenöl.

ARROSTINO DI MAIALE

Schweinerollbraten mit Kräutern

Viele glauben fälschlicherweise, porchetta *sei Spanferkel. Im Latium ist* porchetta *ein von einem Spezialisten, dem* porchettaro, *im Ganzen gegrilltes Schwein. Häufig wird es mit verschiedenen Kräutern zubereitet und an Straßenständen wie jenem gegenüber der Kirche San Giovanni in Laterano scheibenweise mit* pane casereccio, *dem kernigen lokalen Brot, verkauft. Die beste* porchetta *im ganzen Latium gibt es in Ariccia südlich von Rom, doch ein* porchetta-*Stand gehört zu fast jedem Volksfest der Region. Mit diesem leckeren Schweinerollbraten erzielen Sie zu Hause den gleichen würzigen Hochgenuss.*

875 g–1 kg Schweineschulter, entbeint, gerollt und gebunden

Salz

1 Knoblauchzehe, längs in 6 Stifte geschnitten

2 EL grob gehackter frischer Rosmarin

2 EL grob gehackter frischer Salbei

1 EL Olivenöl

Frisch gemahlener Pfeffer

8 Kartoffeln

Für 4 Personen

1 Den Ofen auf 230 °C vorheizen. Das Fleisch mit einem kleinen Messer in gleichmäßigen Abständen sechsmal einschneiden. Die Einschnitte salzen und jeweils einen Knoblauchstift, etwas Rosmarin und Salbei hineinstecken. Den Braten rundherum mit Olivenöl einreiben und mit Pfeffer aus der Mühle würzen.

2 Das Fleisch auf einen Rost legen, in eine Bratpfanne einsetzen und in den Ofen schieben. Einen Topf zu drei Vierteln mit Wasser füllen, bei starker Hitze zum Kochen bringen und die Kartoffeln 3 Minuten blanchieren. Abgießen, abtrocknen und um den Schweinebraten herum verteilen.

3 Sobald das Fleisch nach etwa 20 Minuten Farbe nimmt, die Temperatur auf 180 °C reduzieren und 40 Minuten weiterbraten, bis es dunkelbraun und durchgegart ist (das Fleischthermometer zeigt an der dicksten Stelle 74 °C an). Zwischendurch die Kartoffeln mehrmals wenden, damit sie gleichmäßig braun werden.

4 Den Braten auf ein Tranchierbrett legen und 5–10 Minuten ruhen lassen. Die Schnur entfernen und das Fleisch quer zur Faser in 6 mm dünne Scheiben schneiden. Mit den Kartoffeln auf vorgewärmten Tellern anrichten und sofort servieren.

Servieren Sie dazu einen aromatischen jungen Rotwein. Ein Cori DOC ist eine gute Wahl.

ABBACCHIO ALLA CACCIATORA

Geschmorte Lammkeule mit Rosmarin

Die ersten Römer waren Schafhirten, daher steht Lammfleisch in der Region bereits seit fast drei Jahrtausenden hoch im Kurs. Käse aus Schafmilch war meist die Regel. Fast jede Trattoria hat abbacchio al forno *(gebratenes Milchlamm) oder* scottadito *(kleine gegrillte Lammkoteletts) auf der Karte. Traditionell bleibt kein Teil des Tieres ungenutzt, und noch heute sieht man Lammköpfe in den Auslagen der Metzgereien und* coratella *(Innereien wie Herz, Leber und Lunge) sowie* animelle *(Lammbries) auf den Speisekarten. Dieses Rezept ist vom Ristorante Checchino dal 1887 in Testaccio inspiriert.*

1 Für die Marinade den Essig, Knoblauch, Rosmarin, Chili und das Salz verrühren. Das Fleisch in eine Schüssel legen und mit der Marinade übergießen. Sorgfältig darin wenden und zugedeckt mindestens 12 Stunden oder über Nacht marinieren lassen. Gelegentlich durchrühren.

2 Bei Verwendung einer gesalzenen Sardelle den Fisch gründlich abspülen, die Rückenflosse abschneiden. Die Sardelle am Bauch öffnen, aufklappen und die Rückengräte entfernen. Erneut abspülen und trockentupfen.

3 In einer Pfanne mit schwerem Boden das Olivenöl mäßig stark erhitzen. Die Sardellenfilets darin mit einem Holzlöffel zerdrücken. Den Knoblauch und Rosmarin hinzufügen und etwa 2 Minuten rösten, bis der Knoblauch Farbe nimmt. Die Hitze auf große Stufe stellen, das Lammfleisch einlegen, mit Salz, Pfeffer und den Chilis würzen und etwa 10 Minuten von allen Seiten braun anbraten.

4 Den Wein und Essig zugießen und das Fleisch zugedeckt bei schwacher Hitze etwa 40 Minuten sanft schmoren.

5 Das Lammfleisch mit einer Schaumkelle in eine vorgewärmte Servierschüssel heben. Die Sauce bei großer Hitze einige Minuten einkochen lassen. Den Rosmarin, Knoblauch und die Chilis mit einer Schaumkelle herausheben und wegwerfen. Das Fleisch mit der Sauce übergießen und sofort servieren.

Dazu schmeckt am besten ein Rosso Lazio IGT aus der regionalen Cesanese-Traube.

FÜR DIE MARINADE

125 ml Rotweinessig

1 Knoblauchzehe, in mehrere Stücke geschnitten

1 EL grob gehackter frischer Rosmarin

1 kleiner getrockneter roter Chili

½ TL Salz

1 kg ausgelöste Lammkeule, in 2,5–4 cm große Würfel geschnitten

1 in Salz eingelegte oder 2 in Öl eingelegte Sardelle(n)

3 EL natives Olivenöl extra

1 Knoblauchzehe, angedrückt

2 EL grob gehackter frischer Rosmarin

Salz

Frisch gemahlener Pfeffer

2 kleine getrocknete rote Chilis

125 ml trockener Weißwein

125 ml Rotweinessig

Für 4 Personen

ZUCCHINE RIPIENE

Gefüllte Zucchini

Roms farbenprächtige Auberginen, Paprikaschoten und viele andere Gemüse betteln geradezu nach einer schmackhaften Füllung. Zucchini werden oft mit der gleichen Fleischfarce gefüllt, die man zu polpette *(Fleischbällchen) verarbeitet. Sie sind ein ganzjähriger Hauptgang, schmecken aber am besten im Sommer mit* zucchine romanesche *(Seite 74). Hier ist die Füllung eine rein vegetarische mit Rosinen und Pinienkernen. Ein italienischer* vuotazucchine, *ein Zucchiniausstecher, ist beim Aushöhlen des Gemüses ein praktisches Hilfsmittel, doch ein Apfelausstecher erledigt die Arbeit genauso zuverlässig.*

FÜR DIE FÜLLUNG

6 Schreiben rustikales Landbrot (insgesamt etwa 90 g), entrindet

1 EL natives Olivenöl extra

1 kleine gelbe Zwiebel, gehackt

1 großes Ei, leicht verschlagen

30 g geriebener *pecorino romano* (Hartkäse aus Schafmilch) oder Parmesan

1 EL fein gehackte glatte Petersilie

Salz

Frisch gemahlener Pfeffer

1 EL Pinienkerne

1 EL Rosinen, 10 Minuten in warmem Wasser eingeweicht, abgetropft und ausgedrückt

4 makellose Zucchini (mindestens 3 cm Durchmesser)

2 EL natives Olivenöl extra

Salz

Frisch gemahlener Pfeffer

1 Dose (440 g) Eiertomaten mit ihrem Saft oder pürierte Tomaten

Für 4 Personen

1 Für die Füllung das Brot im Mixer fein zermahlen. Die Brösel im Mixer belassen. In einer kleinen Pfanne das Olivenöl auf mittlerer Stufe erhitzen und die Zwiebel darin in etwa 8 Minuten glasig schwitzen. Mit dem Ei, Käse, der Petersilie, ½ Teelöffel Salz und etwas Pfeffer aus der Mühle in den Mixer füllen und durch mehrmaliges Drücken des Momentschalters zermahlen. Die Pinienkerne und Rosinen zugeben und einige weitere Sekunden mixen. Sie können die Füllung auch per Hand zubereiten: Das Brot in Stücke zerpflücken, die Pinienkerne und Rosinen mit einem Messer grob hacken und sämtliche Zutaten mit einem Löffel verrühren.

2 Die Zucchini an den Enden kappen und in etwa 7,5 cm lange Stücke schneiden. Mit einem Ausstecher oder einem kleinen Messer die Mitte so aushöhlen, dass ein Rand von gut ½ cm verbleibt. Mit dem kleinen Messer oder einem Löffel die Aushöhlung mit der vorbereiteten Masse füllen.

3 In einer Pfanne, in der sämtliche Zucchinistücke nebeneinander Platz haben, das Olivenöl mäßig heiß werden lassen. Die gefüllten Zucchini einlegen, salzen und pfeffern und etwa 15 Minuten rundherum sanft anbraten, bis sie von allen Seiten leicht gebräunt sind. Die Tomaten mit ihrem Saft oder die pürierten Tomaten sowie etwa 60 Milliliter Wasser zugeben und zugedeckt etwa 1 Stunde sanft schmoren, bis sich die Zucchini mühelos mit einer Messerspitze einstechen lassen. Darauf achten, dass sie nicht am Pfannenboden anhaften. Eventuell noch etwas Wasser zugießen.

4 Die Zucchini auf einer Platte anrichten und mit der Sauce überziehen. Raumtemperiert servieren.

Ein junger regionaler Cesanese ist der ideale Begleiter.

CODA ALLA VACCINARA

Ochsenschwanz mit Tomaten und Sellerie

Ein rustikales Ochsenschwanzragout gilt nicht nur als typisch römisches Fleischgericht, es verkörpert auch die Quinto-quarto-*Küche in Reinkultur. Es kursieren Dutzende Rezepte dieses Klassikers, doch alle haben gemein, dass der Ochsenschwanz stundenlang schmoren muss und eine großzügige Dosis Sellerie verdient. Viele blanchieren den Ochsenschwanz zuerst. Einige geben geriebene Schokolade, andere Rosinen und Pinienkerne hinzu. Schmecken tut er am nächsten Tag fast noch besser. Servieren Sie etwaige Saucenreste zu Pasta.*

1 Einen großen Topf zu drei Vierteln mit Wasser füllen und bei starker Hitze zum Kochen bringen. Die Ochsenschwanzstücke einlegen und kurz aufkochen. Abgießen, abtropfen lassen und beiseite stellen. Die Möhre, die Zwiebel und 1 Selleriestange fein hacken. In einem großen Schmortopf 2 Esslöffel des Olivenöls auf niedriger Stufe erhitzen. Das gehackte Gemüse darin 8–10 Minuten anschwitzen.

2 In einer großen Pfanne die restlichen 3 Esslöffel Olivenöl erhitzen und die Ochsenschwanzstücke etwa 15 Minuten von allen Seiten braun anbraten. Falls nötig, in mehreren Durchgängen arbeiten. Die angebratenen Stücke zu dem Gemüse in den Schmortopf geben. Ist sämtliches Fleisch angebraten, salzen, bei starker Hitze den Wein zugießen und in etwa 10 Minuten verkochen lassen. Die Tomaten mit ihrem Saft zugeben, mit 1/2 Teelöffel Salz und Pfeffer aus der Mühle würzen. Falls das Fleisch nicht vollständig bedeckt ist, noch etwas Wasser zugießen. Auf niedriger Stufe etwa 3 Stunden sanft schmoren lassen, bis das Fleisch fast vom Knochen fällt. Ab und zu die Flüssigkeitsmenge kontrollieren. Bei Bedarf noch etwas Wasser, mit Tomatenmark verrührt, zugießen.

3 Abschmecken und eventuell nachwürzen. Den restlichen Sellerie in je 6 Stücke schneiden, zum Fleisch geben und noch etwa 30 Minuten sanft schmoren, bis der Sellerie weich ist. Vom Herd nehmen und die Schokolade unterrühren. Das Ochsenschwanzragout auf vorgewärmten tiefen Tellern anrichten und servieren.

Dazu passt ein Barolo aus dem Piemont oder ein Sangiovese.

1,25–1,5 kg Ochsenschwanz, in 5 cm breite Stücke zerteilt, sichtbares Fett entfernt

1 Möhre, geschält

1 weiße oder gelbe Zwiebel

6 Stangen Bleichsellerie (nach Geschmack auch mehr)

5 EL natives Olivenöl extra

Salz

250 ml trockener Weißwein

2 Dosen (je 440 g) Eiertomaten, grob gehackt, mit ihrem Saft

Frisch gemahlener Pfeffer

1 TL Tomatenmark, wenn nötig

1 TL geriebene Bitterschokolade

Für 4 Personen

Quinto quarto – Innereien

Wer sich schon beim bloßen Gedanken an Innereien naserümpfend unter dem Tisch versteckt, kann ihnen natürlich leicht aus dem Weg gehen, doch sind sie grundlegender Bestandteil der traditionellen römischen Küche. Was übrig bleibt, nachdem ein Schlachttier in vier Teile zerteilt wurde, nennt man scherzhaft *quinto quarto,* das »fünfte Viertel«. Noch heute ist diese Küche im Testaccio-Viertel zu Hause, wo im späten 19. und frühen 20. Jahrhundert die Arbeiter des Schlachthofs *(il mattatoio)* in der Via di Monte Testaccio zum Teil mit Schlachtabfällen und Innereien entlohnt wurden. Die örtlichen Trattorias steuerten viele schmackhafte Rezepte bei. Einige, wie Checchino dal 1887, sind noch heute im Geschäft.

Coda alla vaccinara gilt als Flaggschiff unter den römischen Fleischgerichten, doch die Römer mögen auch *trippa alla romana,* Kutteln mit Tomaten und Minze, oder *rigatoni alla pagliata,* in Tomatensauce geschmortes Gedärm vom Milchlamm oder -kalb mit Pasta. *Animelle* (Bries) und *rigaglie* (Geflügelinnereien) sind ebenso populär wie Herz, Leber und Lunge, die man *coratella* nennt.

POLLO ALLA ROMANA CON I PEPERONI

Huhn mit Tomaten und Paprika

Das Verb insaporire *bringt eine wesentliche Technik der italienischen Küche auf den Punkt. Es bedeutet frei übersetzt »das Aroma zur Entfaltung bringen« und meint den Vorgang, bei dem sich die Aromen der verschiedenen Zutaten gegenseitig durchdringen. Hier werden Hähnchen und Paprika getrennt gegart und erst zum Schluss zusammengeführt, damit sich ihre individuellen Aromen nicht überlagern. Das Gericht wurde früher oft am Ferragosto, dem 15. August (Mariä Himmelfahrt), serviert. Süße, reife Paprika hatten Hochsaison, doch Fleisch – sogar Huhn – galt als Luxus und war besonderen Anlässen vorbehalten.*

1 Poularde (etwa 1,5 kg), in 8 Stücke zerteilt

4 EL natives Olivenöl extra

60 g roher Schinken mit Fett, grob gehackt

Salz

Frisch gemahlener Pfeffer

125 ml trockener Weißwein

1 Dose (440 g) Eiertomaten mit ihrem Saft, grob gehackt

2 Knoblauchzehen, angedrückt

1 EL frisch gehackter Majoran

1 große rote Paprikaschote, Samen entfernt und längs in 1 cm breite Streifen geschnitten

1 große gelbe Paprikaschote, Samen entfernt und längs in 1 cm breite Streifen geschnitten

Für 4 Personen

1 Die Poulardenteile waschen und trockentupfen. In einer großen Pfanne 2 Esslöffel des Olivenöls auf niedriger Stufe erhitzen und den Schinken etwa 3 Minuten anbraten, bis er knusprig zu werden beginnt. Die Hühnerstücke einlegen, die Temperatur erhöhen und in etwa 15 Minuten von allen Seiten braun anbraten. Das Fleisch mit Salz und Pfeffer würzen, den Wein zugießen und in etwa 5 Minuten vollständig verkochen lassen. Die Tomaten, 1 Knoblauchzehe und den Majoran zugeben und bei starker Hitze aufkochen. Die Temperatur wieder auf mittlere Stufe reduzieren und unbedeckt etwa 20 Minuten leise köcheln lassen, bis das Fleisch durchgegart ist.

2 Inzwischen die restlichen 2 Esslöffel Olivenöl in einer zweiten Pfanne auf mittlerer Stufe heiß werden lassen und die verbliebene Knoblauchzehe unter gelegentlichem Rühren in 2 Minuten goldbraun rösten. Aus der Pfanne nehmen und wegwerfen. Die Paprikastreifen in dem Knoblauchöl unter häufigem Rühren etwa 15 Minuten sanft garen, bis sie weich sind. Vom Herd nehmen.

3 Sobald das Fleisch gar ist, die Paprikastreifen mitsamt ihrer Garflüssigkeit untermischen und bei schwacher Hitze noch 5 Minuten weitergaren, damit sich die Aromen miteinander verbinden.

4 Die Poulardenstücke mit dem Paprika auf einer vorgewärmten Platte anrichten und servieren.

Ein junger aromatischer Rotwein, etwa ein Barbera aus dem Piemont oder ein Cesanese oder Olevano aus dem Latium, ist der perfekte Begleiter.

Melinda
vuol dire mordi
2,80
2,89
3,60

CONTORNI

Würzige Salate, pikante süßsaure Zwiebeln, zarte Artischocken –

so schmackhaftes Gemüse darf einfach kein Schattendasein führen.

In traditionellen italienischen Restaurants wird der Hauptgang separat serviert, die Beilage, *contorno,* muss extra bestellt werden. Die Zubereitungen sind meist einfach und schnell erledigt, abgesehen von einigen Klassikern wie karamellisierten Zwiebeln oder geschmorten Artischocken, die etwas mehr Aufwand erfordern. Die Portionen sind großzügig bemessen und für Vegetarier und den genügsamen Magen auch als vollwertige Mahlzeit geeignet. Beliebt sind im Winter Salate oder sautierte Blattgemüse und im Sommer mit reifen Tomaten zubereitete Romano-Bohnen (Stangenbohnen).

INSALATA ROSSA

»Roter Salat« mit Tomaten, Möhren und roter Zwiebel

Der italienische Esstisch kopiert mit Vorliebe die Nationalflagge – die Sauce ist rot, die Pasta weiß und der Salat grün. Trägt die Pasta Grün, muss eben der Salat rot sein. Im Sommer, wenn das allgegenwärtige Basilikum den smaragdgrünen pesto alla genovese *zur beliebtesten Pastasauce macht und vollaromatische Tomaten und süße rote Zwiebeln aus Tropea in Kalabrien das Marktbild beherrschen, bietet dieser feuerrote Salat einen hübschen Farbkontrast. Reichen Sie Brot zum Aufstippen des Saftes dazu.*

1 Die Tomaten von den Stielansätzen befreien. Große Tomaten quer halbieren und in Spalten schneiden; mittelgroße Tomaten senkrecht durch den Stielansatz in Spalten schneiden; Kirsch- oder Strauchtomaten je nach Größe senkrecht halbieren oder vierteln. Beiseite stellen.

2 Die Möhren schaben. Mit einem Gemüsehobel, in der Küchenmaschine oder mit einem scharfen Messer in ganz feine Scheiben schneiden und in eine Salatschüssel füllen.

3 Die Zwiebel(n) dazugeben und mit Salz und Pfeffer würzen. Essig nach Geschmack (falls verwendet) und das Olivenöl einrühren. (In Italien sind die Tomaten in der Regel sehr säurereich, daher wird auf Essig meist verzichtet. Bei sehr milden Tomaten empfiehlt sich die Zugabe von etwa 1/2–1 Teelöffel Essig.) Die Tomatenstücke und das klein gezupfte Basilikum zugeben und den Salat durchheben.

4 Den Salat auf Tellern anrichten und servieren. (Der Salat lässt sich gut 1 Stunde im Voraus vorbereiten. In diesem Fall sollten Salz und Essig aber erst im letzten Moment zugegeben werden.)

2 große oder 3 mittelgroße Tomaten oder etwa 16 Kirsch- oder kleine Strauchtomaten

4 junge, zarte Möhren

1 kleine, milde rote Zwiebel oder 2–3 Frühlingszwiebeln, nur die weißen Teile in dünne Scheiben geschnitten

Salz

Frisch gemahlener Pfeffer

Balsamico- oder Rotweinessig (nach Belieben)

1 EL natives Olivenöl extra

Einige frische Basilikumblätter, in Stücke zerpflückt

Für 4 Personen

Tomaten

Obwohl frische Tomaten in Rom ganzjährig erhältlich sind, kaufen sie die Römer nur im Hochsommer, wenn die regionalen *pomodori* und die »Importware« aus Kampanien, Apulien und Sizilien die Märkte überschwemmen. Im Winter greifen Italiener eher zu konservierten oder pürierten Tomaten aus der Dose, dem Glas oder Tetrapack als zu Treibhausware.

Die großen dunkelroten *da riso*-Tomaten werden mit Reis gefüllt, gebacken und an warmen Tagen als *primo piatto* serviert. Salattomaten müssen nach regionalem Brauch fest und noch ein wenig grün sein. Runde, leuchtend rote Strauchtomaten werden gern für Saucen verwendet, ebenso die süße ovale San Marzano, die im Süden Roms angebaut wird. Die kleine, kürbisförmige Casalino isst man sehr reif, halbiert oder in Stücke geschnitten und auf Bruschetta zerdrückt oder zu Pasta – immer mit frischem Basilikum. Kirschtomaten *(ciliegino),* vor allem die aus Pachino in Sizilien und die etwas größeren, oft in Rispen verkauften Sorten, findet man auf Pizza, Pasta, zu gebackenem Fisch und in Salaten.

VERDURA STRASCINATA

Blattgemüse mit Knoblauch und Chili

Blattgemüse spielt eine bedeutende Rolle auf dem italienischen Speisezettel, besonders im Winter, wenn Spinat, Stängelkohl und die wild wachsenden Sorten in Hochform sind. Junges Grünzeug, zart genug für den rohen Genuss, darf als Salat enden. Der Rest wird gewöhnlich gekocht und dann auf zweierlei Art behandelt: all'agro, *am Tisch mit Olivenöl und Zitrone angemacht, oder* strascinata, *also mit Knoblauch und Chili in der Pfanne gedünstet, auch* ripassata in padella *genannt. Nur Spinat widerfährt ein anderes Schicksal: kurz gedämpft und* all'agro *mit Butter serviert oder mit Rosinen und Pinienkernen sautiert.*

500 g Stängelkohl oder ein anderes grünes Blattgemüse

Salz

2 EL natives Olivenöl extra

2 Knoblauchzehen, gehackt

1 kleiner getrockneter roter Chili, zerkrümelt, oder ½ TL rote Chiliflocken

Für 4–6 Personen

1 Das Gemüse putzen, welke Blätter wegwerfen, harte Stiele entfernen. Gründlich waschen.

2 Einen großen Topf zu drei Vierteln mit Wasser füllen und zum Kochen bringen. 1 Esslöffel Salz einrühren, das Gemüse hineingeben und in 6–8 Minuten weich kochen. Mit einer Schaumkelle herausheben und vorsichtig zum Abtropfen in ein Sieb legen. Nicht pressen, es sollte recht feucht bleiben. (Das Kochwasser durchseihen, es lässt sich für einen zweiten Einsatz oder für eine Suppe verwenden.)

3 Das Olivenöl in einer großen Pfanne erhitzen. Den Knoblauch und Chili darin unter gelegentlichem Rühren etwa 2 Minuten anrösten. Das gegarte Gemüse zugeben, die Hitze auf mittlere Stufe reduzieren und 7–10 Minuten dünsten, bis sämtliche Flüssigkeit verdampft ist.

4 Das Gemüse in einer vorgewärmten Schüssel anrichten und sofort servieren.

€ 2,50

CIPOLLINE IN AGRODOLCE

Süßsaure Zwiebeln

In Rom mag man Süßsaures seit dem Altertum, als Honig, Traubenmost und lieblicher Wein Süße spendeten und Essig oder garum *(siehe rechts) für Saures sorgten. In der traditionellen römischen Küche kocht man Wildschwein oder Rinderzunge in* agrodolce, *gelegentlich auch Meerbarben oder Klippfisch. Diese zarten, goldbraun geschmorten Zwiebeln sind in der kalten Jahreszeit in Rom allgegenwärtig. Ihre pikante Würze harmoniert wunderbar mit den für Rom so typischen einfachen Fleischgerichten.*

500 g kleine, flache Zwiebeln (Cipolline oder Borettana) oder kleine Kochzwiebeln

2 EL natives Olivenöl extra

60 g Zucker

Salz

125 ml Weißweinessig

125 ml trockener Weißwein

Für 4 kleine Beilagen

1 Die Zwiebeln schälen, Wurzeln und Stängelansätze abschneiden. (Wenn Sie die Zwiebeln beim Schälen unter fließendes kaltes Wasser halten, vermeiden Sie Tränen.) Alternative: Einen Topf mit reichlich Wasser füllen und rasch zum Kochen bringen. Die Zwiebeln darin 1 Minute blanchieren und anschließend kalt abschrecken. Die Wurzelenden abschneiden und die Zwiebeln durch sanftes Pressen aus der Schale herausdrücken. Die harten Stielansätze kappen und die Zwiebeln kurz abspülen.

2 Die Zwiebeln nebeneinander in einen großen Schmortopf oder eine Pfanne mit hohem Rand legen. Das Öl, den Zucker, 1/4 Teelöffel Salz, den Essig und den Wein sowie 125 ml Wasser hinzugeben und alles vermengen.

3 Den Topfinhalt auf mittlerer Stufe zum Kochen bringen. Die Hitze etwas reduzieren und die Zwiebeln unbedeckt etwa 1 Stunde sanft schmoren, bis die Sauce sämig eingedickt ist. Die Zwiebeln sollten schön weich und goldbraun sein.

4 Die Zwiebeln in einer Schüssel anrichten und warm oder raumtemperiert servieren. In einem fest verschlossenen Behälter halten sie sich im Kühlschrank einige Tage.

Die Küche im alten Rom

Die Küche im antiken Rom basierte auf Gemüse, Frischkäse, Vollkornprodukten, Obst, Huhn und Fisch, Oliven und ihrem Öl, vielen Kräutern und Gewürzen und Wein – nicht schlecht alles in allem. Und dennoch hatte die römische Tafel über Jahrhunderte eine schlechte Presse. Schuld daran waren übertriebene Berichte von maßlosen Fressorgien und die unbedachte Bemerkung Plinius des Älteren, dass *garum,* eine beliebte Würzsauce, aus verfaultem Fisch hergestellt würde.

In der Tat wurden dazu kleine Fische drei Wochen in Salz und Kräutern eingelegt. Die daraus resultierende Flüssigkeit, das *garum,* war so bedeutend im alten Rom, dass in den Fabriken, vor allem in Pompeji, ein Vermögen damit gemacht wurde.

Außer verwandten Zutaten gibt es kaum Gemeinsamkeiten zwischen der antiken und heutigen Küche Roms, abgesehen von ein paar zufälligen Parallelen. So wurden schon damals getrocknete Teigplatten mit Käse und anderen Zutaten zu einer Art Ur-Lasagne geschichtet und Traubenmost sowie Essig zum Süßsäuern eingesetzt.

INSALATA VERDE

Gemischter Blattsalat

Dieser Salat, eine Art misticanza *(Seite 44), die aus dem Reichtum wilder Salate im römischen Umland schöpft, soll vor dem Dessert den Gaumen erfrischen. Verwenden Sie möglichst die »wildesten« Salate, die Sie finden können, wenn in der Not auch die gezähmten Kollegen gern aushelfen. Eine beliebte Zugabe sind* raperonzoli *(Rapunzel), kleine weiße Wurzeln mit grüner Blattrosette, die im Herbst und Winter auf den Märkten erscheinen. Das Dressing wird immer direkt über den Salat gegeben, nicht separat dazu gereicht. Es sollte aus dem feinsten Olivenöl und Rotweinessig bestehen.*

200 g gemischte zarte, wilde oder kultivierte Blattsalate (Rucola, Feldsalat, Radicchio, Endivie, Löwenzahn, Sauerampfer, Brunnenkresse), in jeglicher Kombination

3 Frühlingszwiebeln, nur die weißen Teile in dünne Scheiben geschnitten

Salz

Frisch gemahlener Pfeffer

2 TL Rotweinessig

2 EL natives Olivenöl extra

Für 4 Personen

1 Den Salat gründlich verlesen und putzen. Welke Blätter wegwerfen, harte Stiele abschneiden.

2 Die Frühlingszwiebeln in eine große Salatschüssel geben. Salzen, pfeffern, den Essig und das Öl dazugeben. Mit einer Gabel gründlich verrühren.

3 Die vorbereiteten Salate auf die Frühlingszwiebeln in die Schüssel legen und mit weiterem Salz bestreuen. In diesem Zustand kann der Salat problemlos bis zu 1 Stunde auf seinen Auftritt warten.

4 Kurz vor dem Servieren den Salat gründlich durchheben, sodass die Blätter gleichmäßig mit der Sauce überzogen sind. Bei Bedarf noch etwas Olivenöl zugeben, den Salat jedoch nicht zu ölig werden lassen, die Blätter sollten leicht schimmern.

CARCIOFI ALLA ROMANA

Geschmorte Artischocken

Dieses Gericht aus geschmorten Artischocken, dem Fahnenträger in der Riege römischer Gemüse, ist in dreierlei Hinsicht bemerkenswert: wegen der sagenhaften carciofo romanesco *(kugelförmigen Artischocke), wegen ihres besonderen Zuschnitts und wegen der unverwechselbaren* mentuccia *(römisch für* nepitella, *Poleiminze). Leider hat nicht jeder Zugang zu diesen Artischocken oder* mentuccia. *Nehmen Sie einfach die zartesten Artischocken, die Sie finden, und entfernen Sie erbarmungslos alle nicht essbaren Teile.* Carciofi alla romana *sind von fast buttriger Konsistenz. Je mehr Olivenöl Sie verwenden, desto besser.*

½ Zitrone

4 junge, zarte Artischocken

3 EL frische *nepitella* (Poleiminze), Pfefferminze oder glatte Petersilie oder eine Mischung daraus

1 Knoblauchzehe (nach Belieben)

4 EL natives Olivenöl extra, plus mehr nach Bedarf

Salz

Etwa 125 ml trockener Weißwein

Für 4 Personen

1 Eine Schüssel mit Wasser füllen und den Saft der halben Zitrone hineinpressen. Die Artischocken nacheinander vorbereiten. Die Stielenden kappen, aber mindestens 5 cm stehen lassen. Die faserige dunkle Schale der Stiele abschälen. Die harten Außenblätter entfernen, bis die zarten hellen Innenblätter zum Vorschein kommen. Die Artischocke in die eine Hand, ein kleines scharfes Messer in die andere Hand nehmen. Die Artischocke ohne Druck an das Messer führen, gegen die Klinge drehen und auf diese Weise die harten Teile abschälen. Die Spitze gut 1 cm gerade abschneiden. (Der Vorgang mag verschwenderisch scheinen, doch so bleiben nur die zartesten Teile zurück.) Die fertig vorbereitete Artischocke in das Zitronenwasser legen.

2 Auf einem Brett die Kräuter und die Knoblauchzehe (falls verwendet) mit einem Wiege- oder Küchenmesser fein hacken. In einer kleinen Schüssel mit 2 Esslöffeln Olivenöl und ¼ Teelöffel Salz gründlich verrühren.

3 Bei zarten Artischocken die Blätter mit den Fingern spreizen und etwas Heu aus der Mitte herausziehen, sodass eine Höhle entsteht. Bei festeren Artischocken mit einem Apfelausstecher in der Mitte tief einstechen und damit einen Teil der Innenblätter sowie etwas Heu herausschneiden. Oder die Innenblätter auseinander ziehen und das Heu mit einem Löffel herausschaben.

4 Je etwa 2 Teelöffel der Kräutermischung in die Aushöhlungen füllen, den Rest beiseite stellen. Die Artischocken mit dem Stiel nach oben nebeneinander dicht an dicht in einen Schmortopf setzen (wählen Sie einen entsprechend passenden Topf; er sollte die Stiele überragen). Mit den restlichen Kräutern bestreuen und mit den verbliebenen 2 Esslöffeln Olivenöl oder nach Geschmack beträufeln. Die Artischocken auf mittlerer Stufe etwa 5 Minuten anbraten. Den Wein bis zu einer Höhe von maximal 10–12 mm zugießen.

5 Den Topf zudecken und auf mittlerer Stufe erhitzen. Sobald die Flüssigkeit kocht, die Hitze auf niedrige Stufe reduzieren. Den Deckel abnehmen und eine zweilagige Papiertüte oder ein Küchentuch über den Topf legen (darauf achten, dass sie/es kein Feuer fangen kann). Auf diese Weise wird Flüssigkeit absorbiert, sodass die Artischocken nicht wässrig schmecken. Den Deckel wieder aufsetzen und mit einem Gewicht beschweren, damit er möglichst fest schließt. Die Artischocken schmoren, bis sie ziemlich weich sind. Das kann je nach Reifegrad und Größe bis zu 40 Minuten dauern. Zwischendurch zwei- bis dreimal die Flüssigkeitsmenge kontrollieren und bei Bedarf ergänzen.

6 Sind die Artischocken gar, die verbliebene Flüssigkeit im offenen Topf verkochen lassen. Die Artischocken noch einige Minuten in dem verbliebenen Öl schmoren lassen. Auf einer Platte anrichten, mit ihrem Öl übergießen und warm oder raumtemperiert servieren.

PUNTARELLE CON LA SALSA

Puntarelle mit Sardellen-Dressing

Noch vor wenigen Jahren war puntarelle *außerhalb der Ewigen Stadt praktisch unbekannt. Winterliche Rombesucher kehrten zurück mit Geschichten von einem faszinierenden Salat aus erfrischend herben Blättern mit einem Sardellen-Dressing. Sommerbesucher wunderten sich, wovon sie eigentlich sprachen. Auch heute ist der hellgrüne* puntarelle, *eine Blattzichorienart mit langen, kraus gezahnten dunklen Blättern, nur in den kalten Monaten erhältlich. Außerhalb der Saison kombinieren die Römer andere Blattsalate gern mit der gleichen* salsa. *Knackiger Frisée ist vermutlich die beste Alternative.*

1 Kopf *puntarelle*, Krause Endivie oder Frisée

1 Knoblauchzehe

2 in Salz oder 3 in Öl eingelegte Sardellen

1 TL Rotweinessig

3 EL natives Olivenöl extra

Für 4 Personen

1 Die äußeren Blattstiele des *puntarelle* entfernen. Die langen weißen Innenstiele mit den Knospen daran voneinander trennen, die harten Stielenden kappen. Die Knospen abschneiden und an der Unterseite rundherum einschneiden, sodass ein blütenähnlicher Effekt entsteht. Die Stiele schälen und längs in 4 oder 5 etwa 3 mm breite Streifen schneiden. Gründlich waschen und etwa 30 Minuten in Eiswasser legen, bis sie sich kräuseln. Abgießen und gut abtropfen lassen. Bei Verwendung anderer Salate die Blätter in mundgerechte Stücke zerteilen, waschen und gut abtropfen lassen. In einer Salatschüssel vermengen.

2 Den Knoblauch längs halbieren, den grünen Keimling entfernen. Grob hacken und im Mörser zermahlen. Die Sardellen zugeben. In Salz eingelegte ganze Sardellen zuvor unter kaltem Wasser abspülen, die Rückenflosse abschneiden, am Bauch öffnen und die Mittelgräte herausziehen. Die Filets nochmals abspülen. Die Sardellen zu einer groben Paste zermahlen. Den Essig und das Olivenöl unterrühren.

3 Kurz vor dem Servieren das Sardellen-Dressing über den Salat geben und gleichmäßig durchheben. Sofort servieren.

FAGIOLI A CORALLO IN UMIDO

Stangenbohnen mit Tomaten

Fagioli *sind in Italien gewöhnlich ausgelöste Bohnenkerne, während sich* fagiolini *auf die im Ganzen essbaren Schoten beziehen, zum Beispiel grüne Bohnen. Niemand scheint es aber zu stören, dass die hier verwendeten langen, flachen Romano-Bohnen auf beide Namen hören,* fagioli a corallo *und* fagiolini a corallo, *bei leichtem Übergewicht für Ersteren. Niemand wird Ihnen erklären können, wie sie zu dem* corallo, *»Koralle«, kommen – vermutlich weil sich die Bohnen rot färben, wenn sie an der Pflanze getrocknet werden.*

1 In einem großen Topf das Olivenöl mäßig heiß werden lassen. Die Frühlingszwiebeln unter Rühren in etwa 8 Minuten glasig schwitzen. Die Tomaten und (falls verwendet) den Chili zugeben und auf mittlerer Stufe etwa 10 Minuten garen, bis die Tomaten etwas zerfallen sind. Gelegentlich umrühren.

2 Die Bohnen zugeben und mit Salz und Pfeffer würzen. Zugedeckt auf niedriger Stufe etwa 30 Minuten garen, bis die Bohnen sehr weich sind. Regelmäßig prüfen, ob ausreichend Flüssigkeit im Topf ist. Eventuell noch 2 Esslöffel heißes Wasser unterrühren. (Bis zu diesem Punkt lassen sich die Bohnen gut vorbereiten. Abkühlen lassen, zugedeckt in den Kühlschrank stellen, am nächsten Tag wieder erwärmen. Sie schmecken sogar noch besser als am Vortag.)

3 Die Bohnen in einer vorgewärmten Schüssel anrichten, mit Petersilie bestreuen und servieren.

1–2 EL natives Olivenöl extra

3 Frühlingszwiebeln, nur die weißen Teile in dünne Scheiben geschnitten

250 g vollreife Tomaten, enthäutet, Samen entfernt, gewürfelt, oder 1 Dose (440 g) Eiertomaten mit ihrem Saft, grob gehackt

1 kleiner getrockneter roter Chili (nach Belieben)

500 g Stangenbohnen, die Enden abgeschnitten

Salz

Frisch gemahlener Pfeffer

1 EL fein gehackte glatte Petersilie (nach Belieben)

Für 6 Personen

Hülsenfrüchte

Hülsenfrüchte rangieren weit oben auf dem römischen Speiseplan. *Pasta e ceci* (Seite 93), Kichererbsensuppe mit Pasta, ist vermutlich der beliebteste Gaumenschmaus der Stadt. Linsen, ein Symbol für Münzen, isst man traditionell an Silvester. Zu gleichen Teilen mit Reis oder Pasta gekocht, tauchen sie als herzhafte Suppe regelmäßig auch den Rest des Jahres auf. Die rot gesprenkelten Borlotti-Bohnen sind frisch oder getrocknet der Star in *pasta e fagioli.* Ihre pink marmorierten Schoten schmücken im Sommer, wenn man die frischen Bohnen mit roten Zwiebeln, Essig und Öl serviert, jeden Markt. Die weißen Cannellini werden mit Schweineschwarte und Tomaten zu deftigen *fagioli con le cotiche.* Die seltene *cicerchia,* die an Kichererbsen erinnernde Platterbse, wird gewöhnlich für Suppen verwendet.

Niemand hat größere Freude an Dicken Bohnen als die Römer. Die ganz jungen, zarten Bohnenkerne werden oft am Tisch geschält und roh zwischen Häppchen von *pecorino romano* in den Mund befördert. Reifere Bohnen werden mit *guanciale* geschmort.

DOLCI

In Rom bietet fast jede Tageszeit, jedes Ereignis Anlass für etwas Süßes –

tozzetti, lockere *crostata* mit Früchten oder eine cremige *zuppa inglese.*

Ricotta, Haselnüsse, Pinienkerne, Walderdbeeren, Sauerkirschen – die Zutaten für Roms süße Versuchungen kommen zum Großteil aus dem nahen Umland. Eine Schale frisches Obst bildet gewöhnlich den Abschluss eines Essens, wenn auch die Ananas Scheibe für Scheibe aufholt. Edelrestaurants bieten immer eine Auswahl verlockender Desserts, viele mit Schokolade, doch traditionelle Süßspeisen wie die *torta di ricotta* sind eher ein Fall für die *pasticceria* oder zum Selbermachen. Trattorias und Lokale der alten Schule verlassen sich auf bewährte Favoriten wie Tiramisu oder Crème Caramel.

FRAGOLE CON IL "MOUSSE" DI RICOTTA

Erdbeeren mit Ricotta-Mousse

Nichts fängt den Geschmack des römischen Sommers besser ein als ein Dessert mit frischen fragole *(Erdbeeren) oder* fragoline di bosco *(Walderdbeeren). Die besten stammen aus Nemi, einem malerischen Ort oberhalb des gleichnamigen Sees im Südosten Roms. Ein Klecks* crema gelato *(Eiscreme) oder ein Spritzer Zitrone und etwas Zucker sind der häufigste Beistand der Beeren, hier ist es eine süße und fast sündhafte Mischung aus Ricotta, Mascarpone und geschlagener Sahne.*

1 Ist der Ricotta sehr frisch und feucht, den Quark in ein Sieb geben oder in ein Mulltuch einschlagen und über einer Schüssel zugedeckt im Kühlschrank gründlich abtropfen lassen. Das kann bis zu 24 Stunden dauern (bei kommerziellem Ricotta erübrigt sich dieser Schritt). Soll die Konsistenz der Mousse besonders zart sein, den Ricotta durch ein grobmaschiges Sieb streichen. Für eine gröbere Version den abgetropften Ricotta unpassiert weiterverarbeiten.

2 In einer großen Schüssel den Ricotta, Mascarpone, Zucker und Rum mit einem Gummispatel gut verrühren.

3 In einer zweiten Schüssel die Sahne mit einem Schneebesen oder einem Handmixer auf mittlerer Stufe schlagen, bis sich weiche Spitzen bilden. Die Sahne mit dem Spatel behutsam unter die Ricottamischung heben und sorgfältig einarbeiten.

4 Sechs etwa 250 Milliliter fassende Glasschälchen oder Kelche bereitstellen. Die Ricottamischung gleichmäßig darin verteilen und zugedeckt mindestens 2 Stunden oder über Nacht im Kühlschrank durchziehen lassen.

5 Etwa 1 Stunde vor dem Servieren die Erdbeeren in einer Schüssel mit dem Zucker bestreuen und zugedeckt im Kühlschrank ziehen lassen.

6 Den Essig unter die Erdbeeren rühren. Die Früchte mit dem Saft über die Ricotta-Mousse schöpfen, mit etwas Minze dekorieren und sofort servieren.

Ein gut gekühlter Brachetto d'Acqui unterstreicht am besten das Aroma der Erdbeeren.

FÜR DIE MOUSSE

500 g Ricotta aus Vollmilch, möglichst frisch

250 g Mascarpone

150 g Zucker

60 ml brauner Rum oder Weinbrand

250 ml Sahne

500 g Erdbeeren, entstielt und längs geviertelt

2 EL Puderzucker

1 TL Weißwein- oder Champagneressig

Frische Minze zum Garnieren

Für 6–8 Personen

Früchte

Früchte sind in Rom ein Gaumen- und Augenschmaus zugleich, etwa die Obstschale zum Dessert, der frisch gepresste Saft an der Bar, der *frullato* (Fruchtshake) oder das Fruchteis aus der *gelateria.*

Wenn die orangefarbenen *nespole* (Mispeln) und dunkelroten *ciliegie* (Kirschen) erscheinen, steht schon der Sommer vor der Tür. Mit der ersten Junihitze betreten *fichi* (Feigen) die Bühne, um den *prosciutto* zu begleiten; ihr »da capo« geben sie im September. Dazwischen leisten ihm große *cantalupo-* und kleine *francesino*-Melonen Gesellschaft. *Albicocche, pesche* und *susine* (Aprikosen, Pfirsiche und Pflaumen) sind im Hochsommer besonders zahlreich, doch Erdbeeren und zuckersüße *cocomero* (Wassermelonen) essen die Römer den ganzen Sommer lang.

Wenn die braun gesprenkelten Muskatellertrauben auftauchen, wird es Herbst. Saftige *fichi d'India* (Kaktusfeigen) kommen aus dem Süden, während Kakis sogar in Roms Hinterhöfen wachsen. Der Winter bringt *mele* (Äpfel) aus dem Nordosten, *pere* (Birnen), häufig in Wein gekocht, und *tarocchi,* süße Blutorangen aus Kalabrien und Sizilien.

TORTA DI RICOTTA

Ricottakuchen

Ricotta wird zum Teil aus Molke, einem Nebenprodukt der Käseherstellung, erzeugt und gilt darum nicht als richtiger Käse. Am häufigsten ist Ricotta aus Kuhmilch, doch gibt es ihn auch aus Ziegen- und Wasserbüffelmilch. Besonders hoch im Kurs bei Roms Köchen steht jedoch der cremige ricotta romana *aus Schafmilch (Seite 181). Er ist eine beliebte Füllung für Süßes wie* sfogliatelle *(Blätterteigtaschen) und* cannoli *sowie für Kuchen wie diesen, der einem Dessert von Enrico Licata, dem beispiellosen Patissier aus dem Ristorante La Piazzetta gleich hinter der Via Cavour, abgeguckt ist.*

FÜR DIE FÜLLUNG

750 g Ricotta aus Vollmilch, möglichst frisch

175 g Zucker

1 TL Strega oder Sambuca (Liköre) oder weißer Rum

50 g Zartbitterschokolade, mit einem Messer geraspelt

FÜR DEN TEIG

180 g Butter, in 2 cm große Stücke geschnitten, raumtemperiert

220 g Puderzucker, gesiebt

2 EL Honig

Einige Tropfen Vanilleessenz

Abgeriebene Schale von 1 Zitrone

1 Prise Salz

3 große Eigelbe, plus 1 Eigelb zum Bestreichen, leicht verschlagen

375 g Mehl, mit 1 TL Backpulver gesiebt

Für 8 Portionen

1 Ist der Ricotta ganz frisch und sehr feucht, wie auf Seite 169 in Schritt 1 vorgehen. (Bei kommerziellem Ricotta entfällt dieser Schritt.)

2 Für den Teig die Butter, den Puderzucker, Honig, die Vanilleessenz, die Zitronenschale und das Salz in einer Schüssel mit den Fingern rasch grob vermengen. Mit einem Holzlöffel zügig die 3 Eigelbe einarbeiten. Nach und nach das Mehl mit dem Backpulver unterrühren. Sobald sich alle Zutaten verbunden haben, den Teig zu einem groben Kloß formen. In der Schüssel mit Frischhaltefolie bedecken und mindestens 2 Stunden oder bis zu 24 Stunden im Kühlschrank ruhen lassen.

3 Eine Tarteform mit 28 cm Durchmesser und herausnehmbarem Boden bereitstellen. Den Teig kurz durchkneten, bis er elastisch ist, und in 2 etwas unterschiedlich große Teile teilen. Beide Teigportionen zu runden Fladen drücken, den kleineren Fladen in den Kühlschrank legen. Den größeren Fladen auf der leicht bemehlten Arbeitsfläche etwa 5 mm dick zu einem Kreis von 32 cm Durchmesser ausrollen. Ist der Teig zu weich, im Kühlschrank wieder etwas fester werden lassen. Die Teigplatte mit dem Wellholz aufnehmen, vorsichtig über der Form abrollen und den Boden sowie die Seiten damit auskleiden. Mit der Spitze eines scharfen kleinen Messers den Teigrand direkt an der Kante zum Formboden rundherum abschneiden, sodass nur der Boden mit Teig ausgelegt ist. Den Teigstreifen zu einer Kugel formen und auf der bemehlten Arbeitsfläche zu einer etwa 2 cm dicken und 88 cm langen Rolle (der Umfang der Form) formen. Die Rolle am Rand der Form entlang wieder einlegen (sie dient als dekorative verstärkte Kante des Kuchens) und rundherum mit den Zinken einer Gabel an den Formrand drücken, sodass ein Muster entsteht. Den Teigboden mehrmals einstechen. Zugedeckt in den Kühlschrank stellen.

4 Den Ofen auf 190 °C vorheizen. Für die Füllung den Ricotta in einer Schüssel mit einem Teigspatel kräftig durchrühren, bis er geschmeidig ist. Den Zucker einstreuen, kräftig durchschlagen und die Masse 5 Minuten ruhen lassen. Den Likör oder Rum und die Schokolade unterrühren und die Masse in die vorbereitete Form füllen. Den kleineren Teigfladen aus dem Kühlschrank nehmen und in 10 Kugeln teilen. Jede Kugel mit den Händen zu 1 cm dicken und 28 cm langen Rollen formen. Die Hälfte der Rollen parallel über die Füllung legen, die anderen 5 Rollen schräg darüber platzieren, sodass ein Gittermuster entsteht. Überschüssigen Teig abschneiden (er wird nicht mehr gebraucht). Das Teiggitter mit dem verschlagenen Eigelb bestreichen.

5 Den Ricottakuchen 40–45 Minuten backen, bis der Teig goldbraun und die Füllung gestockt ist. Auf einem Gitterrost abkühlen lassen. In Stücke schneiden und raumtemperiert servieren.

Dazu einen Dessertwein reichen, etwa einen Moscato Passito di Pantelleria aus Sizilien.

TOZZETTI

Haselnuss-Biscotti

Tozzetti *kommt von* tozzo, *»altbackenes Brot«, in Anspielung auf die krümelige Beschaffenheit des Trockengebäcks. Im Latium gehört es zur Tradition verschiedener Sorten* biscotti, *die man zum Frühstück oder wie* ciambelline al vino *zum Wein isst (Seite 61). Im Unterschied zu den toskanischen* cantucci *(Mandelgebäck) verwendet man für* tozzetti *Haselnüsse, ein wichtiges Erzeugnis aus dem nördlichen Latium. Das Gebäck gehört zur Grundausstattung jeder* pasticceria. *Serviert wird es am Nachmittag zu Süßwein, zum Kaffee nach dem Essen oder am Morgen.*

325 g Haselnusskerne

3 große Eier

375 g Zucker

100 Butter, zerlassen und abgekühlt

475 g Mehl

1 Prise Salz

Ergibt etwa 50 Stück

1 Den Ofen auf 150 °C vorheizen. Die Haselnusskerne nebeneinander auf einem Backblech ausbreiten und 25–30 Minuten im Ofen rösten, bis sie dunkel werden und aromatisch duften. Das Blech alle 10 Minuten rütteln. Die Nüsse auf einem Teller abkühlen lassen (sie brauchen nicht enthäutet zu werden). Ein Drittel der Nüsse im Mixer fein hacken, aber nicht pulverisieren. Beiseite stellen.

2 In einer großen Schüssel die Eier mit dem Zucker gründlich verrühren. Die Butter und die fein gehackten Haselnüsse unterrühren. Das Mehl und Salz zugeben und sorgfältig einarbeiten. Die ganzen Haselnusskerne gleichmäßig untermischen. In dieser Phase ist der Teig sehr zäh.

3 Den Ofen auf 180 °C vorheizen. Ein großes Blech oder zwei kleine Bleche mit Backpapier auslegen.

4 Den Teig in 4 Portionen teilen. Jede Portion auf der bemehlten Arbeitsfläche zu einem 2 cm dicken, 5 cm breiten und etwa 15 cm langen Rechteck formen. Die Teigrechtecke mit einem Palettmesser auf das vorbereitete Blech legen. Dazwischen jeweils 5 cm Abstand lassen.

5 Die Teigrechtecke etwa 30 Minuten backen, bis der Teig an der Oberfläche fest ist. Darauf achten, dass der Boden nicht zu dunkel wird. Aus dem Ofen nehmen und die Rechtecke mit dem Palettmesser auf ein Brett heben. Etwas abkühlen lassen und mit einem großen Küchenmesser schräg in 1,5 cm dicke Scheiben schneiden. Die *tozzetti* mit den Schnittflächen auf das Blech legen (falls der Platz nicht ausreicht, in zwei Durchgängen arbeiten). Weitere 20–25 Minuten backen, bis sie Farbe genommen haben.

6 Die *tozzetti* auf einem Kuchengitter vollständig abkühlen lassen. In einem luftdicht verschlossenen Behälter können sie bei Raumtemperatur mehrere Wochen aufbewahrt werden.

Tunken Sie das Gebäck in einen süßen Aleatico di Gradoli, seinen historisch verbürgten Partner. Der bekanntere Vin Santo, ein Süßwein aus der Toskana, ist eine feine Alternative.

ZUPPA INGLESE

Biskuit-Eiercreme-Schichtdessert

Kenner der italienischen Küche wissen, dass der Name dieses populären Desserts »Englische Suppe« bedeutet, vermutlich wegen seiner Ähnlichkeit mit dem englischen Trifle. Die wenigsten wissen aber, dass eine der Zutaten, alchermes, *ein hellroter, von florentinischen Mönchen erfundener Kräuterlikör, seinen Namen vom arabischen* qirmiz *ableitet, der wiederum für das englische »crimson« – purpurrot – Pate stand. Die Zusammensetzung von* zuppa inglese *kann variieren; Biskuit, Eiercreme und Alkohol, darunter möglichst auch ein roter, sind aber immer dabei. Gekaufter Biskuit spart Zeit und Arbeit.*

FÜR DEN BISKUIT

4 große Eier, getrennt

90 g Zucker

1 Prise Salz

45 g Mehl

1 TL Backpulver

FÜR DIE EIERCREME

500 ml Vollmilch

1 Streifen unbehandelte Zitronenschale

1 großes Ei

3 große Eigelbe

90 g Zucker

45 g Mehl

1 TL Sambuca

60 ml Rum, nach Geschmack auch mehr

60 ml *alchermes* (siehe Einleitung) oder Himbeergeist

125 ml Sahne

2 TL Puderzucker

Etwa 2 TL geraspelte Zartbitterschokolade

Für 4 Personen

1 Den Ofen auf 190 °C vorheizen. Den Boden einer Springform mit 20 cm Durchmesser ausbuttern und mit Mehl bestauben. Überschüssiges Mehl ausleeren.

2 In einer Schüssel die Eigelbe und den Zucker mit dem Handmixer auf mittlerer Stufe in etwa 5 Minuten zu einer dicken hellgelben Masse aufschlagen. Sie sollte beim Herausheben der Rührbesen in Bändern herabfallen und langsam wieder in der Masse versinken. In einer zweiten Schüssel die Eiweiße mit den gereinigten Rührbesen schaumig rühren. Das Salz zugeben und weiterrühren, bis sich feste Spitzen bilden.

3 Das Mehl mit dem Backpulver in eine kleine Schüssel sieben. Mit einem Teigschaber nach und nach unter die Eigelbmasse mischen. Etwa ein Drittel des Eischnees unterrühren und anschließend den restlichen Eischnee vorsichtig unterheben, bis keine weißen Streifen mehr zu sehen sind. Die Masse in die vorbereitete Form füllen.

4 Den Biskuit etwa 30 Minuten backen, bis an einem in der Mitte eingestochenen Holzspieß keine Teigrückstände mehr haften bleiben. Auf einem Gitter 10 Minuten abkühlen lassen, danach den Biskuit auf das Gitter stürzen.

5 Inzwischen die Creme zubereiten. Die Milch mit der Zitronenschale in einem Topf erhitzen, bis sich am Rand kleine Bläschen bilden. Vom Herd nehmen und kurz abkühlen lassen. Die Zitronenschale herausfischen und wegwerfen. In einer Schüssel das Ei, die Eigelbe und den Zucker gründlich verschlagen. Das Mehl esslöffelweise dazugeben und etwa 5 Minuten weiterrühren, bis die Masse dick und hellgelb ist. Langsam und unter ständigem Rühren die heiße Milch in die Masse gießen. Den Schüsselinhalt zurück in den Topf füllen und auf niedriger Stufe langsam erhitzen. Dabei beständig rühren, bis die Mischung nach etwa 7 Minuten eindickt und den Rücken eines Holzlöffels überzieht. Die Creme sofort vom Herd nehmen und durch ein feines Sieb in eine Schüssel passieren. Den Sambuca unterrühren und auf Raumtemperatur abkühlen lassen. Gelegentlich durchrühren, damit sich keine Haut bildet.

6 Den Biskuit mit einem Sägemesser in etwa 5 mm dicke, 3 cm breite und 7,5 cm lange Streifen schneiden. Den Boden von 4 Schalen mit etwa 250 Milliliter Fassungsvermögen, möglichst aus klarem Glas, mit einigen Biskuitstreifen auslegen und mit etwas Rum beträufeln. Ein Viertel der Creme in die Schalen verteilen, mit weiteren Biskuitstreifen belegen und mit 2 Esslöffeln *alchermes* oder Himbeergeist beträufeln. Für weitere 2 oder 3 Schichten etwas Creme einfüllen, mit Biskuitstreifen bedecken und wieder mit Alkohol beträufeln. Mit Biskuit abschließen. Zugedeckt im Kühlschrank einige Stunden, besser noch über Nacht, durchziehen lassen.

7 In einer Schüssel die Sahne mit dem Puderzucker aufschlagen, bis sich mäßig feste Spitzen bilden. Die *zuppa inglese* mit der Sahne und einigen Schokoladenraspeln garnieren und servieren.

Beschließen Sie dieses Dessert mit einem Glas altem Rum oder Sambuca.

TORTA DELLA NONNA

Großmutters Standardkuchen

Dieses nur scheinbar einfache Dessert – ein gehaltvoller Mürbeteig (pasta frolla) *mit einer üppigen Creme und Pinienkernen – ist schon lange ein Klassiker der römischen Trattorias. Die zarten elfenbeinfarbenen* pinoli, *die Samen der im Mittelmeerraum beheimateten Schirmkiefer, sind von einer harten, dunklen Schale umhüllt und sitzen an den Zapfen, die man in Hülle und Fülle in den Pinienwäldern rund um Rom findet. Dieses Rezept, bei dem noch Zitronenschale unter die Creme gerührt wird, ist wie die* torta di ricotta *auf Seite 170 von Enrico Licata, dem begnadeten Patissier des La Piazzetta, inspiriert.*

1 Für den Teig die Butter, den Puderzucker, den Honig, die Vanilleessenz, die Zitronenschale und das Salz in einer Schüssel mit den Fingern rasch grob vermengen. Mit einem Holzlöffel zügig die Eigelbe einarbeiten. Das Mehl mit dem Backpulver allmählich unter die Buttermischung rühren und kneten. Sobald sich alle Zutaten verbunden haben, den Teig zu einer Kugel formen. In der Schüssel mit Frischhaltefolie bedecken und mindestens 2 Stunden oder bis zu 24 Stunden im Kühlschrank ruhen lassen.

2 Eine Springform mit 23 cm Durchmesser bereitstellen. Den Teig kurz durchkneten, bis er geschmeidig ist. Auf einer leicht bemehlten Arbeitsfläche zu einem 5 mm dicken Kreis von etwa 28 cm Durchmesser ausrollen. Wird der Teig zu weich, im Kühlschrank wieder fest werden lassen. Den ausgerollten Teig mit dem Wellholz aufnehmen, vorsichtig über der Springform abrollen und durch sanften Druck an den Rändern einpassen. Überschüssigen Teig abschneiden und gegebenenfalls zum Flicken kleiner Löcher im Boden oder an den Rändern verwenden. Mit Frischhaltefolie bedecken und in den Kühlschrank stellen, während Sie die Füllung zubereiten.

3 Für die Füllung die Milch in einem Topf mit 150 Gramm des Zuckers vermengen und auf niedriger Stufe unter Rühren langsam erhitzen, bis sich der Zucker gelöst hat. Weitererhitzen, bis sich am Rand kleine Bläschen bilden. Vom Herd nehmen und etwas abkühlen lassen. Inzwischen in einer Schüssel den restlichen Zucker mit dem Mehl vermischen. Die Eigelbe gründlich unterrühren. Langsam die heiße Milch einrühren und die Mischung zurück in den Topf gießen. Auf niedriger Stufe unter ständigem Rühren 5–10 Minuten langsam erhitzen, bis die Mischung dick wird und den Rücken eines Löffels überzieht. Vom Herd nehmen und durch ein feines Sieb in eine Schüssel passieren. Die Vanilleessenz und die Zitronenschale unterrühren und auf Raumtemperatur abkühlen lassen. Ab und zu umrühren, damit sich keine Haut bildet. Sie können auch ein Stück Frischhaltefolie direkt auf die Oberfläche legen und die Creme zum Abkühlen mindestens 30 Minuten oder über Nacht in den Kühlschrank stellen.

4 Den Ofen auf 190 °C vorheizen. Die abgekühlte Creme in die vorbereitete Form füllen und gleichmäßig mit den Pinienkernen bestreuen. Die Form auf ein Backblech stellen und etwa 35 Minuten backen, bis die Füllung gerade eben gestockt und goldgelb ist. Auf einem Gitter vollständig abkühlen lassen. Den Kuchen aus der Form lösen und auf einer Kuchenplatte anrichten. Raumtemperiert servieren.

Dazu passt ein italienischer Dessertwein, etwa ein Moscato Passito di Pantelleria aus Sizilien oder ein Muffato della Sala aus Umbrien.

FÜR DEN MÜRBETEIG

100 g raumtemperierte Butter, in 6 Stücke zerteilt

75 g Puderzucker, durchgesiebt

1 EL Honig

Einige Tropfen Vanilleessenz

½ TL abgeriebene Zitronenschale

1 Prise Salz

2 große Eigelbe

225 g Mehl, mit ½ TL Backpulver gesiebt

FÜR DIE FÜLLUNG

500 ml Vollmilch

250 g Zucker

60 g Mehl

4 Eigelbe

Einige Tropfen Vanilleessenz

Abgeriebene Schale von 1 unbehandelten Zitrone

50 g Pinienkerne

Für 8 Portionen

FONDENTE AL CIOCCOLATO

Schokoladenauflauf mit Vanillesauce

Obwohl keine römische Tradition, findet man üppige Schokoladendesserts auf vielen Speisekarten der Stadt, so auch im Ristorante Agata e Romeo. Dieses Rezept liefert einen würdigen Rahmen für italienische Schokolade, die im Jahre 2003 Gegenstand eines EU-Streits war, bei dem Italien und Frankreich die Reinheit ihrer Produkte verteidigten. Die EU genehmigte den Zusatz von fünf Prozent anderer Pflanzenfette (eine bis dato in Italien verbotene Praxis). Dafür wurde die Etikettierungspflicht verschärft, ein Segen für den Verbraucher. Roms Gourmets schwören auf Amedei-Schokolade aus der Toskana.

FÜR DIE VANILLESAUCE

250 ml Vollmilch

1 Vanilleschote, aufgeschlitzt, oder einige Tropfen Vanilleessenz

3 große Eigelbe

90 g Zucker

FÜR DIE AUFLAUFMASSE

250 ml Sahne

220 g Bitterschokolade (vorzugsweise mit 70 Prozent Kakaoanteil), in kleine Stücke zerteilt

2 große Eigelbe

2 EL Zucker

2 EL Mehl, gesiebt

Ungesüßtes Kakaopulver zum Bestauben

Für 4 Personen

1 Für die Vanillesauce die Milch mit der Vanilleschote (Vanilleessenz wird später zugegeben) in einem Topf auf mittlerer Stufe erhitzen, bis sich kleine Bläschen am Topfrand bilden. Vom Herd nehmen und leicht abkühlen lassen. Inzwischen in einer Schüssel die Eigelbe mit dem Zucker in etwa 5 Minuten schaumig rühren, bis die Masse dick und hellgelb ist. Unter ständigem Rühren langsam die heiße Milch zugießen. Die Mischung zurück in den Topf füllen und auf niedriger Stufe unter ständigem Rühren etwa 5–10 Minuten eindicken lassen, bis die Sauce den Rücken eines Löffels überzieht. Vom Herd nehmen, die Vanilleschote entfernen und die Sauce durch ein feines Sieb in eine Schüssel passieren. Die Vanilleessenz unterrühren (wenn nicht bereits die Schote verwendet wurde). Die Vanillesauce auf Raumtemperatur abkühlen lassen; gelegentlich umrühren, damit sich keine Haut bildet. Oder die Oberfläche direkt mit Frischhaltefolie bedecken und im Kühlschrank mindestens 30 Minuten bis zu 24 Stunden durchkühlen lassen.

2 Den Ofen auf 220 °C vorheizen. 4 Auflaufförmchen mit 175 Milliliter Inhalt großzügig ausbuttern, mit Mehl bestauben, überschüssiges Mehl ausleeren.

3 Für die Auflaufmasse die Sahne und die Schokolade in eine hitzebeständige Schüssel füllen und auf ein leise siedendes Wasserbad setzen. Der Schüsselboden darf das Wasser nicht berühren. Unter regelmäßigem Rühren erhitzen, bis die Schokolade geschmolzen und die Masse glatt ist. Abseits des Herdes etwas abkühlen lassen.

4 In einer Schüssel die Eigelbe und den Zucker mit dem Handmixer auf mittlerer Stufe etwa 5 Minuten rühren, bis eine dicke hellgelbe Masse entstanden ist. Nach und nach bei laufendem Gerät in einem dünnen Strahl die Schokoladensahne einlaufen lassen. Vorsichtig das Mehl unterziehen.

5 Die Masse gleichmäßig in die vorbereiteten Förmchen verteilen. Auf ein Backblech stellen und etwa 10 Minuten backen, bis die Oberfläche fest ist (im Kern müssen sie noch flüssig sein). Die Förmchen auf ein Gitter stellen und 5 Minuten abkühlen lassen.

6 Zum Servieren jeweils einen Dessertteller umgedreht auf die Förmchen setzen und stürzen. Die Förmchen abheben. Klebt der Auflauf am Rand, mit einer Messerspitze nachhelfen. Mit einem Löffel etwas Vanillesauce um den Auflauf herum verteilen und durch ein feines Sieb mit Kakaopulver bestauben. Sofort servieren. Die restliche Vanillesauce separat dazu reichen.

Schokolade und Wein – eine schwierige Partnerschaft. Probieren Sie es mit Rosathea, einem trockenen Moscato Rosa von Castel de Paolis.

PECORINO CON PERE E CONFETTURA DI FICHI

Pecorino romano mit Birnen und Feigenmus

Gereifter Hartkäse mit frischen Früchten und passenden, meist süßen Würzzutaten wie Honig oder eingemachtem Obst ist in Roms besten Restaurants eine beliebte Kombination. Im Winter gesellen sich Birnen und ein einfaches Mus aus getrockneten Feigen zu pecorino romano, *im Sommer übernehmen frische, zum Platzen reife Feigen diesen Part. Feigen gediehen schon im Altertum in und um Rom. Heute ist die Saison zweigeteilt mit den größeren Früchten im Hochsommer und den kleinen* settembrini *im Spätsommer.*

1 Den Ofen auf 150 °C vorheizen. Für das Feigenmus die Nüsse nebeneinander auf einem Backblech verteilen und 10–15 Minuten rösten, bis sie Farbe genommen haben und aromatisch duften. Damit sie gleichmäßig rösten, das Blech zwischendurch rütteln. Auf einem Teller abkühlen lassen. (Enthäuten ist nicht erforderlich.)

2 Die Feigen mit 125 Milliliter Wasser aufkochen und abseits des Herdes 5 Minuten weichen lassen.

3 Die Nüsse im Mixer mit zwei kurzen, pulsierenden Stößen ganz grob zerkleinern. Die Feigen samt Flüssigkeit, den Weinbrand, Zucker, die Zitronenschale und den Zitronensaft zugeben und mixen, bis die Feigen grob püriert sind. Abschmecken und eventuell nachzuckern.

4 Den Käse mithilfe eines kurzen, scharfen Messers in 4 möglichst gleich große Stücke brechen und auf Tellern anrichten.

5 Bei makellosen Birnen besteht kein Anlass zum Schälen. Die Birnen entstielen, halbieren und das Kerngehäuse entfernen. Die Hälften der Länge nach mehrmals nebeneinander bis dicht an den Stängelansatz heran einschneiden und fächerförmig neben dem Käse anrichten. Mit dem Feigenmus garnieren. Oder den Käse am Stück mit einem Käsemesser auf einem Brett, die Birnenfächer auf einer Platte anrichten und servieren, das Kompott in einer Schüssel dazu reichen. So kann sich jeder selbst bedienen.

Dazu passt eine Est!-Est!!-Est!!!-Spätlese oder ein Muffato della Sala aus dem nahen Umbrien.

FÜR DAS FEIGENMUS

2 EL Haselnuss- oder Mandelkerne

125 g saftige getrocknete Feigen (etwa 5 Stück), Stiele entfernt, in 4–5 Stücke geschnitten

2 EL Weinbrand

2 EL Zucker, plus mehr nach Geschmack

Abgeriebene Schale und Saft von ½ unbehandelten Zitrone

200 g mindestens 5 Monate alter *pecorino romano* (Hartkäse aus Schafmilch)

2 reife Birnen (Bosc's oder Williams Christ)

Für 4 Personen

Schafkäse

Das römische Symboltier schlechthin ist die Wölfin, welche die Stadtgründer und Zwillinge Romulus und Remus säugte. Dabei wäre *la pecora,* das Schaf, vermutlich ebenso angemessen. Schließlich wuchsen die Jungen als Hirten heran. Schon immer gehörten Schafe zu Roms Stadtbild, wo immer das urbane Leben es zuließ, mit dem Ergebnis, dass regionaler Käse wie *pecorino romano* und *ricotta romano* hauptsächlich aus Schafmilch erzeugt wird.

Laut DOP-Bestimmungen (Seite 81) ist die Erzeugung von *pecorino romano* auf die Regionen Latium und Sardinien sowie auf die Provinz Grosseto im Süden der Toskana beschränkt. Die Vollmilch muss von Schafen aus diesen Gebieten stammen und mit Lammlab dick gelegt werden. Tafelkäse reift 5, Reibekäse 8 Monate. Letzterer ist eine wichtige Zutat für *trippa alla romana* und viele Pastagerichte.

Ricotta romana entsteht aus erhitzter Molke, die mit Schafmilch gemischt und erneut erhitzt wird. Der Käsebruch wird zum Abtropfen in Körbe gefüllt. Milder, cremiger Ricotta schmeckt sehr gut gebacken (auch gesüßt) zu Pasta oder in Desserts.

PIZZA DI VISCIOLE ALLA ROMANA

Sauerkirschkuchen

Visciole *sind kleine Sauerkirschen, die im römischen Umland wachsen, und jeder Römer, der einen Kirschbaum im Besitz eines Freundes weiß, freut sich auf die Ernte im Frühsommer. Die meisten* visciole *wandern wie die noch saureren* amarene *direkt ins Marmeladenglas. Das Schicksal der meisten Marmeladen ist eine dicke, krustige Tarte. Die Bezeichnung »Pizza« statt* crostata *zeigt, wie umfassend sie für alle Arten von Kuchen, Broten und anderem Gebäck verwendet wurde. Wenn die Zeit knapp ist, können Sie auch zu gekaufter Konfitüre mit ganzen Früchten greifen (etwa 300 Gramm).*

FÜR DAS KIRSCHKOMPOTT

500 g Sauerkirschen, entsteint

125 g Zucker

1 Prise Zimt

FÜR DEN TEIG

1 Ei und 2 Eigelbe

180 g Zucker

1 Prise Salz

150 g raumtemperierte Butter, in 6 Stücke zerteilt

375 g Mehl

FÜR DIE CREME

250 ml Vollmilch

1 großer Streifen unbehandelte Zitronenschale

1 Vanilleschote, aufgeschlitzt

3 Eigelbe

60 g Zucker

2 EL Speisestärke

1 Eigelb, leicht verschlagen

Puderzucker zum Bestauben

Für 6–8 Portionen

1 Für das Kompott die Kirschen mit dem Zucker und Zimt in einem Edelstahltopf mit schwerem Boden vermengen. Auf mittlerer Stufe zum Kochen bringen. Dabei ständig rühren, damit sich der Zucker löst. Unter häufigem Rühren etwa 15 Minuten köcheln lassen, bis die Kirschen fast zerfallen sind und die Mischung eingedickt ist. Beiseite stellen. Beim Abkühlen dickt die Masse weiter ein.

2 Für den Teig in einer Schüssel mit den Rührbesen des Handmixers das Ei und die Eigelbe mit dem Zucker und Salz gut verrühren. Nach und nach stückweise die Butter unterrühren, bis sie jeweils vollständig eingearbeitet ist. In kleinen Mengen das Mehl zufügen, zuletzt mit den Fingern zu einem geschmeidigen Teig verarbeiten. In 2 nicht ganz gleich große Stücke teilen, zu runden Fladen flach drücken und getrennt in Frischhaltefolie wickeln. Mindestens 2 Stunden bis zu 24 Stunden kalt stellen.

3 Für die Creme die Milch mit der Zitronenschale und der Vanilleschote in einem Topf auf mittlerer Stufe erhitzen, bis sich kleine Bläschen am Rand bilden. Vom Herd nehmen und etwas abkühlen lassen. Die Zitronenschale und Vanilleschote wegwerfen. Inzwischen die Eigelbe, den Zucker und die Stärke etwa 5 Minuten verschlagen, bis die Masse dick und hellgelb ist. Langsam und unter ständigem Rühren die heiße Milch zugießen und die Mischung zurück in den Topf füllen. Auf kleiner Stufe unter Rühren allmählich erhitzen, bis die Mischung nach 5–10 Minuten eindickt und den Rücken eines Löffels überzieht. Vom Herd nehmen. Die Oberfläche direkt mit Frischhaltefolie bedecken und die Creme mindestens 30 Minuten bis zu 24 Stunden in den Kühlschrank stellen.

4 Den Ofen auf 180 °C vorheizen. Eine Springform mit 28 cm Durchmesser ausbuttern und mit Mehl ausstreuen; überschüssiges Mehl ausleeren. Den größeren Teigfladen aus dem Kühlschrank nehmen und in die Form legen. Mit den Händen gleichmäßig in der Form verteilen und am Rand etwa 2,5 cm hoch einpassen. Etwaige Löcher flicken, sodass eine ebene Oberfläche entsteht.

5 Die abgekühlte Creme auf den Teigboden füllen und glatt streichen. Mit einem Esslöffel das Kirschkompott in kleinen Klecksen auf der Creme verteilen und behutsam mit dem Löffelrücken verstreichen, bis die Creme vollständig und gleichmäßig bedeckt ist.

6 Den zweiten Teigfladen auf der leicht bemehlten Arbeitsfläche zu einem Kreis von 28 cm Durchmesser ausrollen und mit einem Teigrad in 10 Streifen von 2 cm Breite schneiden. 5 Teigstreifen parallel über die Füllung legen, die anderen 5 Streifen quer darüber legen, sodass ein Gitter entsteht. Überschüssigen Teig abschneiden. Das Gitter mit dem Eigelb bestreichen.

7 Den Kuchen in 40–45 Minuten goldbraun backen. Auf einem Gitter vollständig abkühlen lassen, mit Puderzucker bestauben und servieren.

Brachetto d'Acqui, ein lieblicher schäumender Roter aus dem Piemont, ist der ideale Begleiter zu diesem Kirschkuchen.

GLOSSAR

ABBACCHIO In Rom bezeichnet dieser Begriff ein weniger als zwei Monate altes Milchlamm, aber auch ein junges Lamm im Allgemeinen. Lamm wird in Zubereitungen der römischen Küche wie *abbacchio alla cacciatora* (Seite 139) immer durchgegart. Das italienische Wort für Lamm ist *agnello*.

AL DENTE Frei übersetzt »mit Biss«, bezieht sich dieser Begriff auf Gegartes – hauptsächlich Pasta und Reis –, das außen weich ist, im Innern aber noch einen bissfesten Kern hat. Die auf den Packungen italienischer getrockneter Pasta angegebenen Garzeiten sind relativ verlässlich; generell gilt aber: Kontrolle ist besser!

ARTISCHOCKEN *Carciofi* sind das römische Gemüse schlechthin, zumindest in der Saison vom Winter bis zum Frühling. Händler und Köche beherrschen eine Methode, die Blütenköpfe rundherum exakt so zu schneiden, dass nur der essbare Teil zurückbleibt (Seite 106). Die beliebtesten Artischockengerichte sind *carciofi alla giudia* (Seite 52) und *carciofi alla romana* (Seite 159), doch tauchen Artischocken auch in Frittatas, Pasta und Gemüsegerichten wie *vignarola* (Seite 94) auf.

AUBERGINEN In Italiens Küchen werden sie *melanzane* genannt und entweder gegrillt oder gefullt, zusammengerollt und frittiert oder für Pastasaucen eingesetzt. Am meisten verbreitet sind große, kugelförmige Sorten mit dünner, glänzender Schale, deren Farbe von Elfenbein über Lavendel bis Dunkelviolett reicht. Auch kleinere, längliche Sorten von dunkelvioletter Farbe sind auf den Märkten zu finden.

BALSAMICO (BALSAMESSIG) *Aceto balsamico tradizionale,* das Original, stammt aus der Gegend um Reggio Emilia und Modena in der Emilia-Romagna. Er wird aus dem unvergorenen, aufgekochten Most von Trebbiano- und Lambrusco-Trauben gewonnen. Das DOP-Gütesiegel *(denominazione origine protetta)* bürgt für mindestens zwölf Jahre Reifung in Fässern aus verschiedenen aromatischen Hölzern. Das Endprodukt ist von fast sirupartiger Konsistenz und mildsüßlichem Aroma. Balsamico wird nur sehr sparsam als Würzmittel für fertige Speisen eingesetzt. Vor allem alter Balsamico sollte niemals mitgegart werden. Günstigere Versionen unterschiedlicher Qualität lassen sich auch für Vinaigrettes, Marinaden und eine Reihe anderer Zubereitungen verwenden.

BASILIKUM Das mit der Minze verwandte, typisch mediterrane Küchenkraut entwickelt frisch verwendet ein sehr intensives Aroma. In Kombination mit Tomaten avanciert es zum Klassiker, doch auch bei vielen anderen traditionellen italienischen Gerichten ist Basilikum unverzichtbar.

BRESAOLA Die *bresaola,* eine Spezialität aus Valtellina in der nördlichen Lombardei, ist gesalzenes und luftgetrocknetes Rinderfilet. Sie ähnelt dem Bündnerfleisch und wird gewöhnlich wie *prosciutto* hauchdünn geschnitten, ist aber weniger salzig und fester in der Konsistenz. Kombiniert mit Rucola und geriebenem Parmesan, serviert man *bresaola* häufig als *antipasto* oder leichtes *secondo.*

BROT, RÖMISCHES Siehe Seite 69.

CHILIFLOCKEN Die Flocken und Samen der *peperoncini,* schlanker, getrockneter roter Chilis, sind in Mittel- und Süditalien in der Küche wie bei Tisch ein beliebtes Würzmittel. Schon in homöopathischen Dosen heizt es vielen Gerichten ein. Chiliflocken gibt es gebrauchsfertig im Handel. Ganze getrocknete Schoten zerkleinert man mit einem Wellholz in einem reißfesten Plastikbeutel. Achten Sie beim Kurzbraten darauf, dass die Flocken nicht verbrennen. Siehe auch unter Chilis.

CHILIS In Italien heißen die kleinen roten Scharfmacher *peperoncini.* Ob Pastasaucen oder sautiertes Gemüse, Roms Köche mischen die feurigen ganzen Schoten unter fast alles, nehmen sie aber kurz vor dem Servieren wieder heraus. (Soll das Feuer etwas moderater ausfallen, einfach die Samen entfernen.) Erhältlich sind *peperoncini* in jedem gut sortierten Supermarkt oder im italienischen Lebensmittelhandel. Jede kleine getrocknete rote Chilisorte liefert geeigneten Ersatz. Ein frischer *peperoncino* entspricht in etwa einem $^{1}/_{2}$ Teelöffel Chiliflocken.

DICKE BOHNEN Die auch Saubohnen genannten Hülsenfrüchte ähneln Limabohnen, sind im Geschmack aber leicht bitter. Die noch ganz zarten Bohnenkerne sind im Frühling roh mit etwas Pecorino ein Hochgenuss. Ältere oder größere Exemplare sollten kurz blanchiert und anschließend enthäutet werden. Frische und getrocknete Dicke Bohnen sind völlig unterschiedlich und daher in der Küche nicht austauschbar.

FEIGEN Den alten Römern schmeckten aus Griechenland importierte Feigen *(fichi)* besser als die heimischen. Heute geben die Italiener ihrer eigenen Ernte den Vorzug, die sie mit *prosciutto* zwischen *pizza bianca* genießen, in Brot verbacken oder mit Nüssen und Honig zu Gebäck verarbeiten. Feigen scheinen in Italien allgegenwärtig, ob als Kulturpflanze im Garten oder als wild wachsender Baum, der selbst alte Steinmauern und antike Brüstungen durchdringt. Viele Sorten tragen zweimal im Jahr Früchte. Die kleinen, süßen grünen und schwarzen Feigen im Frühherbst nennt man in Rom *settembrini* (»Septemberchens«).

FENCHEL Das aus dem Mittelmeerraum stammende Gemüse wird für seine hellgrüne Knolle, sein fedriges Kraut und seine würzigen Samen geschätzt. Besonders gut schmeckt Fenchel im Winter, wenn er Salaten seinen knackigen Biss und sein süßliches Anisaroma verleiht. In Italien wird *finocchio* oft roh mit Orangen oder anderen Zitrusfrüchten kombiniert. Die Knollen eignen sich auch zum Grillen oder zum Überbacken mit Parmesan. Zur Vorbereitung die Stiele abschneiden, braune oder vertrocknete Stellen entfernen. Das fedrige Grün zurückbehalten und als Kraut oder zum Garnieren verwenden.

FISCH UND MEERESFRÜCHTE Siehe Seite 85.

FRITTIEREN Fachgerecht frittiertes Gemüse und Seafood ist ein leichter und knusprig-zarter Genuss. Voraussetzung ist eine konstant hohe Temperatur, die das in dem Gargut natürlich vorhandene Wasser verdampfen lässt. So kann sich kein Öl einlagern. Zur Regulierung der Temperatur empfiehlt sich ein Fettthermometer. Die Speisen sollten in kleinen Portionen frittiert werden, so vermeidet man größere »Temperaturstürze« und stellt sicher, dass das Gargut gleichmäßig vom Öl umspült wird.

FRÜCHTE Siehe Seite 169.

GUANCIALE Siehe Seite 101.

HASELNÜSSE Die im Italienischen *nocciole* genannten Nüsse gedeihen im nördlichen Latium in Hülle und Fülle. Die vollaromatischen, buttrigen Kerne haben von *biscotti* bis *gelato* bereits so ziemlich alles erobert.

HÜLSENFRÜCHTE Siehe Seite 163.

INNEREIEN Siehe Seite 143.

KAPERN Das würzig-pikante Aroma der eingelegten ungeöffneten Blütenknospen des wild wachsenden Kapernstrauchs wird im gesamten Mittelmeerraum geschätzt und gehört dort zum Küchenalltag. In Meersalz eingelegte Kapern (italienisch *capperi*) bewahren ihr intensives Aroma und den festen Biss am besten, verbreiteter sind jedoch in Essig eingelegte Kapern. Die »Nonpareilles« aus der Provence sind kleiner als die auf den italienischen Märkten erhältlichen Kapern. In Lake oder Salz eingelegte Ware sollte vor Gebrauch abgespült werden.

KICHERERBSEN Die beigefarbenen Hülsenfrüchte mit fester Konsistenz und vollem Nussaroma werden in Italien *ceci* genannt. Sie zerfallen beim Garen nicht und sind eine beliebte Einlage in herzhaften Suppen und Eintopfgerichten. Getrocknete Kichererbsen müssen vor Gebrauch eingeweicht werden. Dosenware ist eine brauchbare Alternative.

KLIPPFISCH *Baccalà* gibt freitags auf den Speisekarten in ganz Rom den Ton an. Das gebietet *il venerdi di magro,* die katholische Tradition des fleischlosen Freitags, die längst auch in der Gastronomie befolgt wird. Die Beliebtheit des Klippfischs in Italien rührt aus einer Zeit, da mangelnde Kühl- und Transportmöglichkeiten die Versorgung des Hinterlands mit frischem Fisch fast unmöglich machten. Im 15. Jahrhundert fanden Walfänger vor Neufundland schließlich heraus, wie man den kostbaren Atlantik-Kabeljau (italienisch *merluzzo*) durch Einsalzen haltbar machte. Der Fisch wurde noch an Bord gesäubert und gesalzen und, zurück an Land, getrocknet.

KÜCHENKRÄUTER Siehe Seite 127.

LORBEERBLÄTTER Die sehr aromatischen ganzen Blätter des immergrünen Lorbeerstrauchs sind unverzichtbar bei allen langsam garenden Gerichten wie Ragouts und Schmortöpfen, besonders bei *ragù* (Fleischsauce). Sie werden im Handel fast ausschließlich getrocknet angeboten und sollten vor dem Servieren wieder entfernt werden.

MAJORAN Das zarte, blumige Aroma des Majorans harmoniert wunderbar mit Gerichten der italienischen Küche, ganz besonders aber mit Tomaten. Majoran ist milder als der nahe Verwandte Oregano und schmeckt am besten frisch.

MEHL

KUCHENMEHL: Dieses Mehl entspricht dem bei uns gängigen Haushaltsmehl der Type 405 (Auszugsmehl). Es wird aus Weichweizen gemahlen, ist reich an Stärke und enthält wenig Proteine (Klebereiweiß). Das fein ausgemahlene Mehl wird gebleicht, wodurch es Wasser und Zucker noch besser einlagern kann. So bleiben Kuchen und Gebäck wunderbar locker. In Italien verwendet man dieses Mehl für süße und salzige Zubereitungen.

SEMOLINA: Das eher grobkörnige Mehl wird aus Hartweizen, dem Durum-Weizen, gemahlen und hat einen besonders hohen Kleberanteil (Proteine). Es dient fast ausschließlich zur Herstellung von getrockneter Pasta, taucht aber auch in einigen Pizza- und Brotteigen auf.

MOZZARELLA DI BUFALA Siehe Seite 105.

OCHSENSCHWANZ Der Ochsenschwanz, italienisch *coda di bue,* stammt genau genommen vom Stier, nicht vom Ochsen. Verkauft werden die Schwänze in der Regel quer in etwa 5 cm dicke Stücke zerteilt. Wie kurze Rippe erlebt Ochsenschwanz als gute alte Hausmannskost gerade eine Renaissance. Langsames sanftes Schmoren lässt das Fleisch hauchzart werden und liefert eine aromatische, sämige Sauce.

OLIVENÖL Siehe Seite 81.

PANCETTA Siehe Seite 101.

PAPRIKASCHOTEN Die leicht süßlichen, glockenförmigen *peperoni* gehören zur Capsicum-Familie, sind also mit der Chilischote verwandt. Grüne Paprika sind gewöhnlich etwas schärfer als rote, die lediglich länger gereift und darum süßer sind. Orangefarbene und gelbe Paprika sind hingegen eigene Sorten. Die Schoten gelangten nach der Entdeckung Amerikas aus der Neuen Welt nach Europa und wurden zunächst als Zierpflanze kultiviert. Als Lebensmittel blieben sie den Europäern lange suspekt.

PASTA Siehe Seite 36.

PETERSILIE, GLATTE Die überall im Mittelmeerraum verbreitete und im Italienischen *prezzemolo* genannte Sorte hat einen vielschichtigeren und pfeffrigeren Geschmack als die krause Verwandte, die man in Italien kaum kennt.

PILZE Siehe Seite 135.

PINIENKERNE Die langen, schlanken Samen der am Mittelmeer verbreiteten Schirmkiefer oder schlicht »Pinie« sind sehr ölhaltig und haben ein feines Aroma. Die in Rom *pinoli,* in anderen Teilen Italiens *pignoli* genannten Nüsse wandern in süße wie pikante Zubereitungen. Man streut sie über Pasta, rührt sie in Fleischsaucen oder zermahlt sie mit Basilikum und Olivenöl zu *pesto alla genovese.* Auch für einige Tartes und Kuchen wie *Torta della Nonna* (Seite 177) kommen sie zum Einsatz.

PIZZASCHAUFEL Köche und Pizzabäcker verwenden diese flache Holzschaufel, um ihre Pizzas problemlos in den Ofen und nach dem Backen auf den Teller zu befördern. Sie misst 60 cm im Durchmesser oder mehr und ist mit einer flachen Kante und einem langen Griff versehen. Ein randloses Backblech ist für diesen Zweck ebenso geeignet.

PIZZASTEIN Diese auch »Brotstein« genannte viereckige oder runde Form aus unglasierter Keramik sorgt im heimischen Herd für den gleichen knusprigen Boden wie ein Steinofen. Der Pizzastein sollte vor dem Backen 45–60 Minuten vorgeheizt werden. Die Pizza oder das Brot wird mit einer Pizzaschaufel auf den Stein befördert.

PROSCIUTTO (SCHINKEN) Prosciutto wird aus der Hinterkeule des knapp einjährigen Schweins hergestellt, ein langwieriges Verfahren aus Salzen, Trocknen und Reifen. Der mild-aromatische *prosciutto di Parma* aus der Emilia-Romagna stammt von Schweinen, die unter anderem mit überschüssiger Molke aus der Parmesanherstellung gefüttert wurden. *Prosciutto di San Daniele* aus dem Friaul im Nordosten Italiens wird in eine violinenähnliche Form gepresst, während die Schinken aus Parma eher rundlich ausfallen. Beide haben festes rötliches Fleisch und cremiges weißes Fett. *Prosciutto di montagna* ist in Rom ein Sammelbegriff für weniger kostspielige, salzigere und rustikalere Schinkensorten. (Siehe auch Seite 101.)

PUNTARELLE Siehe Seite 45.

ROSMARIN Sein Name stammt aus dem Lateinischen und bedeutet »Tau des Meeres«, in Anlehnung an die maritime Heimat dieses immergrünen mediterranen Strauchs. Rosmarin hat ein kräftiges und dabei angenehmes Aroma, das wunderbar mit Lamm, Kalb, Huhn, zahlreichen Gemüsen und vielem mehr harmoniert. Es ist unbestritten das beliebteste Kraut in der römischen Küche.

SALBEI Das altbewährte Heilkraut, dessen lateinischer Name *salvus,* »wohlbehalten«, bedeutet, hat einen durchdringenden, leicht muffigen Geruch. In der italienischen Küche wird es hauptsächlich frisch verwendet. Bei *saltimbocca alla romana* (Seite 127) spielt Salbei (italienisch *salvia*) eine Hauptrolle.

SAMBUCA Diesen römischen Anislikör genießt man entweder in einem *caffè corretto* nach dem Essen oder in Desserts wie *zuppa inglese.* Manchmal wird er auch pur *con le mosche* – »mit Fliegen«, zwei darin treibenden Kaffeebohnen – serviert.

SARDELLEN (ANCHOVIS) *Acciughe* oder *alici* werden in der italienischen Küche gern für Saucen oder als Pizzabelag verwendet. Ganze, in Salz eingelegte Sardellen schmecken am besten. Je nach gewünschter Würze spült man sie vorsichtig unter fließendem kaltem Wasser ab oder lässt sie bis zu 10 Minuten wässern. Anschließend mit einer Messerspitze die Haut abschaben und die Rückenflosse abschneiden. Die Fische durch leichten Druck am Bauch öffnen und vorsichtig aufklappen. Die Mittelgräte entfernen und die Filets voneinander trennen. Nochmals abspülen, mit Küchenpapier trockentupfen und nach Rezeptanweisung fortfahren. In Öl eingelegte Sardellen sind bereits filetiert und brauchen nicht abgespült zu werden.

SCHAFKÄSE Siehe Seite 181.

SEMMELBRÖSEL Sie verleihen überbackenen Speisen eine schöne Kruste und Füllungen mehr Substanz und Bindung. Am besten stellt man Semmelbrösel aus altbackenem rustikalem Weißbrot her: Die Brotrinde abschneiden und die Krume im Mixer zermahlen. Das Brotmehl im vorgeheizten Ofen bei 165 °C etwa 15 Minuten trocknen. Abkühlen lassen, erneut im Mixer mahlen und nochmals 15 Minuten im Ofen trocknen, bis die Brösel goldbraun sind.

SPAGHETTIHEBER Ein handliches, funktionell ausgedachtes Küchengerät mit langem Griff, einem hohlen, runden Kopf mit rundum kurzen Zinken und einem Ablaufloch in der Mitte, ideal zum Umrühren und Portionieren langer Pastasorten.

STÄNGELKOHL *Cime di rapa,* der leicht bittere Vertreter aus der Kohlfamilie, hat dünne, blattreiche Stiele mit an Brokkoli erinnernden Röschen. Welke Blätter und harte Stielenden müssen entfernt, holzige Partien mit einem Sparschäler abgeschält werden. Mit Knoblauch und Chili sautiert, ist Stängelkohl eine schmackhafte Beilage.

TOMATEN Siehe Seite 151.

ZUCCHINI Meist beherrschen kleine Zucchini das Angebot; sie haben weniger Samen und ein volles Aroma. Als Zeichen ihrer Frische werden sie häufig mit Blüten verkauft. Das vielseitige Kürbisgemüse wird in Würfel, Streifen oder Scheiben geschnitten und anschließend frittiert, sautiert, gedämpft, geschmort, mariniert, gefüllt, gegrillt oder gebacken.

ZWIEBELN

FRÜHLINGSZWIEBELN: Sowohl die röhrenförmigen Blätter als auch die weiße Bulbe (Zwiebelansatz) der Frühlingszwiebel sind als Gemüse und Würzzutat in der italienischen Küche eine nicht wegzudenkende Größe. Wegen ihrer äußerlichen und geschmacklichen Ähnlichkeit mit Lauch werden sie oft auch »Lauchzwiebeln« genannt.

ROTE ZWIEBELN: Zahlreiche Sorten dieser rot- bis violettschaligen, leicht süßlichen Zwiebeln stammen aus Italien. Daher auch die Bezeichnung »Italienische Zwiebeln«.

SCHALOTTEN: Die kleinen Vertreter aus der Zwiebelfamilie erinnern an große Knoblauchzehen in einer pergamentartigen bronzenen bis rötlichen Schale. Die im Italienischen *scalogni* genannten Schalotten haben violett geädertes weißes Fleisch und einen festen Biss. Im Geschmack sind sie milder als Zwiebeln.

SÜSSE ZWIEBELSORTEN: Die berühmte, nach einem Küstenort in Kalabrien benannte *cipolla di Tropea* hat es erst in jüngerer Vergangenheit auch im Ausland zu einiger Popularität gebracht. Die mittelgroße rote Zwiebel kommt fast immer roh zum Einsatz. Ersatz bieten andere milde rote Salatzwiebeln.

WEISSE ZWIEBELN: Dies ist die auf italienischen Märkten dominierende Sorte, wenngleich auch die gelbe Zwiebel verbreitet ist. Weiße Zwiebeln sind aromatischer als rote, jedoch milder und weniger süß als gelbe Zwiebeln.

BEZUGSQUELLEN

DI GENNARO

Eine große Auswahl an Schinken und Salami, italienischem Gemüse und Früchten, Käse, Essig und Öl und allem, was in eine italienische Küche gehört.
Tel.: +49 (0)711-68 53-0
Telefax: +49 (0)711-68 53-33
www.digennaro.de

GOURMET ART

Delikatessen und kulinarische Besonderheiten von Anitpasti über Fleisch- und Fischspezialitäten, Öle und Fonds bis hin zu Wein und Gebäck.
Tel.: +49 (0)22 27-1 24 35
Fax: +49 (0)22 27-1 24 34
www.gourmet-art.de

DEL ESSE

Verschiedene und raffinierte Trüffeln, viele Weine und andere exquisite italienische Feinkost.
Tel.: +49 (0)40-0 09 98 72
Fax: +49 (0)40-0 09 98 73
www.delesse.de/home.htm

SENZA LA MAMMA

Weinlieferservice, Feinkostgeschäft und Caterer mit neuen Ideen.
Tel.: +49 (0)89-72 995 31
Telefax: +49 (0)89-72 995 32
www.senzalamamma.de

PFEFFERINSEL

Bietet eine enorme Auswahl an diversen Kräutern und Gewürzen Italiens.
Tel.: +49 (0)5551-7466
Fax: +49 (0)5551-19331
www.pfefferinsel.de

OLIVE E PIU

Feine Lebensmittel aus Italien mit dem Schwerpunkt auf Olivenöl.
Tel.:+49 (0)221-50 91 42
Fax: +49 (0)221-50 98 78
www.olive-e-piu.de

VIANI FEINKOST

Ein erschöpfendes Angebot italienischer Spezialitäten sowie eine Liste mit Feinkosthändlern in ganz Deutschland.
Tel.: +49 (0)551-50551-0
Fax: +49 (0)551-50551-55
www.viani.de

REGISTER

Kursiv gesetzte Begriffe und Seitenzahlen verweisen auf warenkundliche Informationen und Küchenpraxis.

DANKSAGUNG

Maureen B. Fant möchte ganz besonders Mina Botti, Iris Carulli, Charlotte Cox und Fanny Farkas für ihre unschätzbare Hilfe danken. Marinella Ercoli, Judith Harris, Howard Isaacs, Armando Manni, Maria Persia, Francesco Retacchi, Gwen und Franco Romagnoli, Bonnie Shershow und Susan Wolf leisteten ebenfalls wertvolle Unterstützung. Eine Reihe römischer Restaurants und Köche steuerten großzügig Rezepte und Tipps bei: Sebastiano Allegrini, Enrico Licata und Franco Bartolini, Agata Parisella und Romeo Caraccio, Eugenio De Santis, Dario und Iole Cappellanti, Elio und Francesco Mariani sowie Angelo und Massimo Troiani. Eine Klasse für sich ist Oretta Zanini De Vita, wandelndes Lexikon über Italiens kulinarische Geschichte und großherzige Freundin. Und schließlich ist da noch Francesco Filippi – Franco –, dessen Gesellschaft, Intelligenz und Appetit in jeder Phase eine wertvolle Anregung waren.

Weldon Owen und das Fotografenteam, darunter Jean-Blaise Hall und George Dolese, danken Elisa Zucchiatti für ihre hervorragende Beratung und Unterstützung und Maureen Fant für ihre bereitwillige und prompte Hilfe in Rom. Ihr Dank gilt auch allen Inhabern und Mitarbeitern der Restaurants, Bäckereien, Geschäfte und anderer gastronomischer und kulinarischer Betriebe und Einrichtungen in Rom, die an diesem Buch mitgewirkt haben: Patrizia Mattei und all den anderen von Antico Arco, Vittorio Procaccia von Vini e Buffet, Susy Porcelli und Familie von Checo er Carettiere, Claudio Ceccarelli von der Hostaria Giggetto, Luciano Flamini von Maccherone und den Leuten von Al Vino Al Vino und der Pizzeria Gaudi. Ein großes Dankeschön an Elizabeth und die Mitarbeiter von C.U.C.I.N.A. für die Bereitstellung des wunderbaren Tafelgeschirrs. Jean-Blaise Hall dankt ganz besonders ihrer Assistentin Sandra Mahut für ihren großen Elan bei diesem Projekt sowie Trattoria Frontoni, Ristorante Paris, Pierluigi Roscioli und Familie von Roscioli, Casa Bleve, Pasticceria Vitti, Ristorante Il Convivio, Gelateria Giolitti, Checchino dal 1887, Antica Caciara, der Bäckerei Panella, den Pastaläden Pasta Al'Uovo und Grand Gourmet, Hosteria Romana, Pasticceria Valzani, dem Feinkostladen Castroni, E. Volpetti & Co., Drogheria Innocenzi, Pizzeria Ai Marmi, Ristorante Agata e Romeo, Enoteca Cavour 313, Il Gelato di San Crispino, Dar Filettaro a Santa Barbara, Bar S. Eustachio, Tazza d'Oro, Gelateria Bar Sisto, La Rotonda, Ristorante Al Presidente, La Bottega del Cioccolato, 'Gusto, Ristorante La Rosetta, Enoteca Al Parlamento, dem Schlachter Angelo Feroa, der Bäckerei Antico Forno, dem Restaurant Campannina in Ostia und der Trattoria Bucci in Castel Gandolfo. Das Team möchte auch Susan und Joseph Miller für ihre Gastfreundschaft und Hilfe danken, ebenso wie den Restaurants Spark in Los Angeles sowie Oliveto und Citron in Oakland, Kalifornien.

Weldon Owen dankt den folgenden Personen für ihre freundliche Unterstützung: Desne Ahlers, Cecilia Brunazzi, Ken DellaPenta, Judith Dunham, Arin Hailey, Joan Olson, Stephanie Rosenbaum, Sharon Silva und Paolo Sortino.

BILDNACHWEIS

Sämtliche Fotos von Jean-Blaise Hall außer: Paul Moore: Seite 56/57

ABBILDUNGEN

Sie finden die Plätze, Märkte, Lokale usw. auf den angegebenen Seiten und die Koordinaten auf Seite 28/29.

Aus dem Englischen übersetzt von Helmut Ertl
Redaktion: Inken Kloppenburg Verlags-Service, München
Korrektur: Petra Tröger
Umschlaggestaltung: Horst Bätz, München
Satz: Fotosatz Völkl, Türkenfeld

www.christian-verlag.de

Die Originalausgabe mit dem Titel *Rome – Authentic Recipes Celebrating the Foods of the World* erschien erstmals 2005 bei Oxmoor House, U.S.A.
Die Reihe *Entdecken & Genießen* wurde konzipiert und produziert von Weldon Owen Inc., San Francisco, in Zusammenarbeit mit Williams-Sonoma Inc., San Francisco.

Design: Alison Fenton, Rachel Lopez
Foodstyling: George Dolese
Mitarbeit Styling: Elisabet der Nederlanden
Karten: Bart Wright

Druck und Bindung: Tien Wah Press, Singapore
Printed in Singapore

ISBN 3-88472-690-0

Hinweis
Alle Informationen und Hinweise, die in diesem Buch enthalten sind, wurden von der Autorin nach bestem Wissen erarbeitet und von ihr und dem Verlag mit größtmöglicher Sorgfalt überprüft. Unter Berücksichtigung des Produkthaftungsrechts müssen wir allerdings darauf hinweisen, dass inhaltliche Fehler oder Auslassungen nicht völlig auszuschließen sind. Für etwaige fehlerhafte Angaben können Autorin, Verlag und Verlagsmitarbeiter keinerlei Verpflichtung und Haftung übernehmen.

Korrekturhinweise sind jederzeit willkommen und werden gerne berücksichtigt.

eing tour of
with
trambus